ÉLÉMENTS
de
Philosophie biologique

PAR

FÉLIX LE DANTEC
Chargé de cours à la Sorbonne.

FÉLIX ALCAN ÉDITEUR

1907

ÉLÉMENTS

de

Philosophie biologique

DU MÊME AUTEUR

LIBRAIRIE FÉLIX ALCAN

Théorie nouvelle de la vie. 1 vol. in-8° de la *Bibliothèque scientifique internationale*. 3e édition, 1904, cartonné. . . . 6 fr. »

Le déterminisme biologique et la personnalité consciente. 2e édition, 1 vol. in-12 de la *Bibliothèque de philosophie contemporaine*, 1904 . . . . 2 fr. 50

L'individualité et l'erreur individualiste. 2e édition. 1 vol. in-12 de la *Bibliothèque de philosophie contemporaine*, 1905. 2 fr. 50

L'évolution individuelle et l'hérédité. 1 vol. in-8° de la *Bibliothèque scientifique internationale*, 1898, cartonné. . . 6 fr. »

Lamarckiens et Darwiniens. Discussion de quelques théories sur la formation des espèces. 2e édition. 1 vol. in-12 de la *Bibliothèque de philosophie contemporaine*, 1904. . . . . . 2 fr. 50

L'unité dans l'être vivant. Essai d'une biologie chimique. 1 vol. in-8° de la *Bibliothèque de philosophie contemporaine*, 1902. . . . . 7 fr. 50

Les limites du connaissable. La vie et les phénomènes naturels. 2e édition. 1 vol. in-8 de la *Bibliothèque de philosophie contemporaine*, 1904. . . . . 3 fr. 75

Traité de biologie. 2e édition. 1 fort vol., grand in-8°, avec 101 figures 1906. 15 fr. »

Les lois naturelles. Réflexions d'un biologiste sur les sciences. 1 vol. in-8° de la *Bibliothèque scientifique internationale*, 1904, cartonné. . . . . 6 fr. »

Introduction à la pathologie générale. 1 fort vol., grand in-8°, 1906. . . . . 15 fr. »

La sexualité. 1 vol. in-12, collection *Scientia*, Carré et Naud, 1899.

Le conflit. Entretiens philosophiques. 1 vol. in-12, Armand Colin, 1901, 4e édition. . . . . 3 fr. 50

Les influences ancestrales. 1 vol. in-12 (*Bibliothèque de philosophie scientifique*, Flammarion). 3e édition. . . . . . 3 fr. 50

La lutte universelle, *id. id.* . . . . 3 fr. 50

L'athéisme . . . . . *id. id.* . . . . 3 fr. 50

A MONSIEUR LE PROFESSEUR

TH. RIBOT

Directeur de la *Revue Philosophique*.

Son vieux collaborateur respectueusement affectionné.

PRÉFACE

Entraîné par l'enchaînement logique des choses, j'ai étudié depuis dix ans des questions si nombreuses et si diverses, que je crois utile, pour moi-même et pour le public qui a bien voulu me suivre dans mes déductions, de m'arrêter un instant, et de reprendre haleine en jetant un coup d'œil en arrière. J'ai donc saisi avec empressement l'occasion que m'a fournie le professeur Duncan, de l'Université de Kansas (U. S.), quand il m'a fait l'honneur de me demander, pour sa collection *The new Knowledge*, un livre synthétique de Biologie ; je présente ici au public français un ouvrage à peu près identique à celui qui paraît à Londres[1] et à New-York[2] sous le titre *The Nature and origin of Life.*

1. Chez Hodder et Stoughton.
2. Chez A. S. Barnes and C°.

Je n'ai pas la prétention de refaire, en trois cents pages, toute la Biologie ; je voudrais seulement en fixer les méthodes, et la première moitié du volume est entièrement consacrée à cet essai. Les *faits* consignés dans le second livre n'ont d'autre intérêt que d'illustrer les méthodes exposées dans le premier. C'est d'ailleurs *après coup*, que l'on connaît les méthodes d'une science nouvelle. Après avoir cherché à tâtons et être arrivé à un résultat, on étudie le chemin qui y mène le plus aisément ; il est bien évident que l'on n'aurait pu connaître ce chemin avant de savoir où l'on allait.

Je me suis aperçu, en regardant en arrière, que j'ai été conduit à deux résultats qui se complètent, et qu'on arrive à ces deux résultats différents par deux méthodes différentes.

Par une méthode vraiment artificielle et qui se prête aussi bien aux sciences physiques qu'à la Biologie, on découvre la *loi approchée* d'assimilation et d'hérédité, que l'on corrige par la loi de variation et d'acquisition des caractères. Cette méthode a le grand avantage de placer la Biologie au milieu des autres sciences, et la *vie* au milieu des autres phénomènes naturels. C'est celle que j'ai employée dans mon *Traité de Biologie*.

Une autre méthode, qui mérite à tous égards le nom de méthode naturelle, est au contraire exclusivement applicable à la Biologie ; elle conduit directement à la loi rigoureuse d'*assimilation fonctionnelle*, d'*habitude*, ou d'*hérédité des caractères acquis*, loi rigoureuse que la première méthode artificielle permettait seulement de pressentir. L'application de cette seconde méthode d'investigation fait de la Biologie une science fermée, comme cela arrive à toutes les sciences pour lesquelles on a découvert la méthode propre. C'est la *méthode pathologique* ; je l'ai employée dans mon *Introduction à la Pathologie générale*.

La quatrième partie du volume que je présente aujourd'hui au public est la plus importante de l'ouvrage ; elle est consacrée en effet à la méthode pathologique, méthode nouvelle, encore peu connue, et qui résulte de travaux de laboratoire datant de quelques années seulement.

Rien n'est plus nécessaire, à mon avis, que de montrer la concordance des résultats obtenus par deux méthodes si opposées; cette concordance remarquable, que j'essaie d'établir dans la cinquième partie du premier livre, empêchera en effet qu'on tire des conclusions peu philosophiques de la constatation de ce fait que la Biologie a une méthode à elle; toutes les sciences bien définies sont dans le même cas, et cela n'enlève pas de sa légitimité au rêve grandiose de la mécanique universelle.

Ty plad en Pleumeur-Bodou, juin 1906.

LIVRE PREMIER

LES MÉTHODES

PREMIÈRE PARTIE

ÉTUDE OBJECTIVE DES CORPS DE LA NATURE

CHAPITRE PREMIER

Unité et diversité.

Les corps vivants sont intéressants, pour l'homme de science, à deux points de vue qui semblent, au premier abord, contradictoires : ils nous frappent par leur prodigieuse diversité ; ils nous étonnent par leur remarquable unité.

Parmi les travailleurs qui s'arrêtent de préférence à l'admiration des différences séparant les espèces, quelques-uns, les naturalistes descripteurs, ont pour but, soit la connaissance des formes et leur classification (*zoologie et botanique descriptives*), soit la comparaison des formes les unes avec les autres (*anatomie comparée*).

D'autres, considérant chaque être vivant comme un mécanisme à part, étudient les conditions et les détails du fonctionnement de ce mécanisme (*physiologie* et *pathologie* d'une espèce vivante), ou s'attachent à rapprocher les uns des autres les fonctionnements des mécanismes spécifiques (*physiologie* et *pathologie comparées*).

Enfin un dernier genre de recherches spéciales consiste dans l'étude de la genèse d'une forme ou d'un mécanisme spécifique, dans la description de son développement à partir de l'œuf (*embryologie* d'une espèce vivante) ou dans la comparaison des phénomènes du développement chez des espèces différentes (*embryologie comparée*).

En joignant à l'étude des espèces actuelles celle des restes fossiles des espèces disparues (*paléontologie*), on arrive à établir entre les premières et les dernières des liens de descendance, de parenté : c'est la science spéciale de l'*origine des espèces*.

L'existence des sciences « comparées » (anatomie, physiologie et embryologie comparées), à côté des sciences « descriptives » correspondantes, suffit à prouver que la diversité des formes vivantes ne s'accompagne pas de différences *absolues* entre les espèces. Elle permet la constitution, dans le catalogue général des êtres, de groupes plus ou moins étendus, entre les divers membres de chacun desquels une comparaison anatomique, physiologique ou embryologique peut être fructueuse. Ainsi, il est avantageux de comparer, au point de vue descriptif, le chien, le cheval et le lapin, qui sont des mammifères ; il est encore intéressant de comparer le chien, le coq, le lézard et la truite, qui sont des vertébrés ; il devient illusoire de rapprocher l'anatomie du lapin de celle de l'oursin ou du ver de terre ; elles n'ont rien de commun, et la différence des anatomies s'accentue encore, si possible, quand on passe des animaux précédents au châtaignier, au lys et au champignon de couche, qui sont des végétaux.

Et cependant l'homme a appris depuis longtemps à réunir sous l'appellation commune d'*êtres vivants*, des corps aussi peu semblables que le chien, le ver de terre, la fougère et le rosier. Il faut donc, non seulement que ces corps aient quelque chose de commun, mais encore que ce quelque chose de commun soit assez facile à découvrir pour n'avoir pas échappé à des gens aussi ignorants que nos ancêtres. Nous verrons cependant que les opinions vulgaires relativement à la *vie* diffèrent à un certain degré de celles qu'a établies la science au moyen d'instruments de recherche plus puissants que ceux qui sont naturels à l'homme.

C'est la *biologie* qui étudie les caractères communs à tous les êtres vivants, tant animaux que végétaux et manquant aux corps bruts. L'ensemble de *tous* ces caractères doit constituer la définition de la Vie, puisque c'est leur présence ou leur absence qui amène à déclarer qu'un corps est vivant ou qu'il ne l'est pas ; et, si la définition est bien faite, elle doit permettre une classification rigoureuse de tous les corps de la nature, classification dans laquelle aucune ambiguité ne puisse subsister ; un corps donné devra forcément appartenir à l'une ou à l'autre des deux catégories ainsi définies.

Les sciences *comparées* dont nous avons parlé précédemment (anatomie, physiologie, embryologie comparées) devraient arriver, en fin de compte, à mesure que l'on comparerait entre eux des êtres vivants de plus en plus éloignés, à permettre la construction d'une biologie ; il suffirait que, de chacune d'elles, on pût retenir quelque chose qui eût résisté à l'extension progressive du groupe étudié, jusqu'à ce que ce groupe fût arrivé à englober à la fois le règne animal et le règne végétal.

Or, avec l'ancienne définition du mot « anatomie », il était évident que l'*anatomie comparée* ne pouvait conduire à aucune notion commune à tous les êtres vivants considérés à la fois. L'anatomie s'occupait en effet de l'étude des parties différentes que l'on distingue soit à l'œil nu, soit à la loupe, dans les animaux et les végétaux, et il n'était pas besoin d'être grand clerc pour remarquer l'absence de toute similitude entre les os, les muscles et les nerfs du chien, d'une part, les étamines, le pistil et les feuilles d'un fraisier, d'autre part. Les *anatomies comparées* étaient forcément limitées à des groupements restreints comme les vertébrés par exemple, ou les mollusques.

Le perfectionnement des instruments d'étude, du microscope, en particulier, a permis de pénétrer plus profondément dans l'intimité des structures animales et végétales ; la première conquête biologique importante qui ait été due au perfectionnement du microscope a été la *théorie cellulaire ;* elle s'exprimait ainsi :

Tout être vivant est composé d'une ou de plusieurs *cellules.*

C'était une loi *générale*, concernant l'ensemble des animaux et des végétaux ; c'était donc un chapitre de la *biologie*. Nous verrons plus loin ce qu'il faut penser, rigoureusement, de cette *unité de structure* exprimée dans la théorie cellulaire; elle nous donne dès à présent une notion importante relativement à la *dimension* des phénomènes de structure qui *peuvent* caractériser la vie ; les premiers de ces phénomènes de structure, vraiment communs à tous les êtres vivants, que nous rencontrions en descendant, au moyen du microscope, l'échelle des grandeurs mesurables, se rencontrent dans l'ordre des dimensions cellulaires, c'est-à-dire fort loin déjà au-dessous du millimètre. Si cette dimension n'est pas encore précisée, (et elle se précisera plus loin), sa découverte nous donne déjà l'idée que les phénomènes vraiment caractéristiques de la vie se passent aux environs d'un certain degré de l'échelle des grandeurs. L'anatomie transportée, grâce au microscope, dans cette région spéciale des choses mesurables, prend le nom d'*histologie* ou *anatomie cellulaire*. C'est cette partie de l'anatomie qui seule peut fournir à la biologie des résultats appréciables.

La physiologie a donné plus aisément des résultats d'ordre général ; les questions d'alimentation, de respiration, ont en effet montré de bonne heure l'importance de la *chimie* dans la réalisation des phénomènes vitaux ; l'une des conclusions *biologiques* les plus anciennement connues est la nécessité de l'oxygène pour l'entretien de la vie des animaux et des plantes;

ainsi donc, dans la vie, il y a de la chimie, c'est-à-dire des phénomènes qui se passent, sur l'échelle des grandeurs, au-dessous de la dimension des cellules, dans l'ordre de dimension des molécules et des atomes. Cette seconde conquête contribue à localiser, d'une manière plus précise, la vie parmi les autres phénomènes de la nature; nous voyons déjà que le phénomène biologique proprement dit ne se rencontre pas au-dessus de la dimension de la cellule, mais comprend des manifestations plus petites, de l'ordre atomique ou chimique. Nous aurons à rechercher une limite inférieure de la dimension des phénomènes biologiques; elle pourra nous être fournie par la dimension des plus petites radiations de l'éther qui influencent les phénomènes vitaux; contentons-nous pour le moment de cette première approximation, et retenons seulement ce fait très important, qu'il y a avant tout, dans l'étude des phénomènes biologiques, *une question d'échelle.*

Quelques-unes des grandes lois biologiques, celle de l'hérédité des caractères acquis, par exemple, sembleront, au premier abord, soustraites à cette nécessité de se rapporter à des phénomènes localisés entre des limites restreintes de dimensions, mais, du moment que ces lois seront biologiques, c'est-à-dire générales, on pourra être sûr d'avance que les *moyens* par lesquels elles se manifestent seront de l'ordre de grandeur des phénomènes biologiques; ainsi l'hérédité, ressemblance entre des êtres aussi grands qu'on le voudra, se réalise par le moyen de l'œuf qui est une cellule.

L'embryologie ne fournira pas de résultats biologiques nouveaux, parce que, science récente, fille de la théorie cellulaire, elle est aujourd'hui très difficile à distinguer de l'histologie ; l'embryologie est l'histologie des êtres jeunes.

CHAPITRE II

Le principe de continuité.

La biologie, avons-nous dit plus haut, étudie les caractères communs à tous les êtres vivants, tant animaux que végétaux, et *manquant aux corps bruts*. Si nous définissons la *vie*, l'ensemble de ces caractères communs, il est évident que nous ne devrons jamais trouver dans aucun corps brut *cet ensemble de caractères*. Sans cela, notre définition ne vaudrait rien.

Les êtres vivants se reconnaîtront au milieu des autres corps de la nature, à l'ensemble des caractères qui définissent la *vie*, comme les *alcools* se reconnaissent, au milieu des autres corps de la chimie, à l'ensemble des caractères qui définissent la *fonction alcool*. Mais il n'y aura aucune raison pour que les différences qui séparent les corps vivants des corps bruts soient plus importantes que celles qui distinguent les alcools des adhéhydes ou des amines. Il peut sembler enfantin d'insister sur cette vérité évidente, mais cela n'est pas inutile à cause de la persistance, sinon dans la science, du moins dans le langage courant et dans la littérature, de vieilles idées mystiques antérieures à l'avènement de la période scientifique de l'histoire de l'humanité.

Lorsque l'on étudie les êtres vivants d'une manière scientifique, c'est-à-dire en faisant le catalogue de toutes leurs propriétés objectives, on n'a pas besoin de se souvenir qu'on est soi-même vivant, et l'on donne de la *vie* une définition objective aussi solide que celle de la fonction alcool ou du mètre étalon. Si, au contraire, au lieu d'employer cette méthode objective, je définis *a priori corps vivants* « les corps dans lesquels il se passe quelque chose d'analogue à ce que *je sens* qui se passe en moi », je me heurte à des affirmations *non vérifiables* et je n'obtiens pas de définition scientifique. C'est ce qu'ont fait nos ancêtres. Ils ont, grâce à cette méthode défectueuse, été amenés à établir entre les corps vivants et les corps bruts une ligne de démarcation infranchissable, et à considérer la *vie* comme quelque chose d'inaccessible à l'étude expérimentale.

Leur méthode était mauvaise car, en réalité, ils commençaient *sans s'en douter*, par définir la vie *d'après ses caractères objectifs* ; c'est en effet uniquement par des caractères objectifs que nous pouvons reconnaître si des corps sont vivants ou morts. Oubliant cette définition première, l'ayant faite sans s'en douter, ils en donnaient, à peu près inconsciemment aussi, une seconde, celle que je viens de signaler plus haut, et qui consistait à définir corps vivant « un corps dans lequel il se passe quelque chose d'analogue à ce que chaque homme sent en lui-même ». Cette définition ne prêtait à aucune vérification ultérieure ; rien ne pouvait prouver, en particulier, qu'elle fût comparable à la première, définition objective nécessaire pour déclarer qu'un corps vit ; et néanmoins, ils appliquaient la seconde définition aux corps définis par la première.

C'est l'origine de l'erreur *anthropomorphique*, qui localise une mentalité humaine dans tout corps considéré comme vivant ; une de ses conséquences est de laisser croire qu'il y a un abîme entre les corps vivants et les corps bruts.

Des savants, soucieux de détruire cette conception erronée ont songé à combler l'abîme creusé par les anthropomorphistes entre les corps vivants et les corps bruts ; mais ils ont conservé l'une des définitions *a priori* de la vie et ont conclu que la vie ainsi définie est universelle, chose parfaitement invérifiable, la définition conservée étant purement subjective. Une définition de la vie doit, je le répète, séparer les corps vivants des corps bruts, comme le chimiste sépare les alcools des aldéhydes. C'est le résultat que l'on obtient en se bornant, pour définir la vie, à l'étude des caractères *objectifs* des êtres vivants. Si l'on a accepté une définition de la vie qui s'applique aux corps bruts, c'est que la définition est mauvaise ; elle ne remplit pas le but qu'on se proposait ; elle est comme une définition des alcools qui s'appliquerait aux acétones.

L'étude *objective complète* de la vie est possible par les méthodes des sciences ordinaires d'observation et d'expérimentation ; voilà à quelle affirmation doit se limiter l'énoncé du *principe de continuité* qui prétend seulement que, entre la vie et la mort, la différence est du même ordre qu'entre un phénol et un sulfate, entre un corps électrisé et un corps neutre. En d'autres termes, tous les phénomènes que l'on étudie objectivement dans les êtres vivants peuvent être analysés par les méthodes de la physique et de la chimie. En d'autres termes encore, la vie n'échappe pas aux lois de la mécanique universelle.

Si l'on s'était borné, dès le début, aux méthodes objectives d'investigation, la question du principe de continuité ne se serait même pas posée. Puisqu'une erreur de méthode a posé le problème, il sera utile de montrer que, si la vie est définie par *un ensemble de caractères*, si, par conséquent, tout corps possédant cet *ensemble* de caractères doit être déclaré vivant, d'autres corps de la nature peuvent, sans être vivants, posséder *un* ou même *plusieurs* de ces caractères. Et ainsi s'établira une classification des corps bruts, suivant qu'ils seront plus rapprochés des corps vivants, possédant avec eux un grand nombre de caractères communs (enzymes, par exemple), ou qu'ils en seront plus éloignés, n'ayant qu'un petit nombre de ces caractères. Ce sera une nouvelle forme, plus concrète et plus instructive, du principe de continuité ; elle fera comprendre que les corps vivants ont pu provenir des corps non vivants par voie d'évolution.

Une fois cette étude objective terminée, *et seulement alors*, l'homme pourra se souvenir qu'il est lui-même un être vivant; il constatera que la définition objective de la vie s'applique à lui-même et à ses semblables comme aux chiens, aux renards et aux châtaigniers. Alors, constatant qu'il est conscient, il pourra se demander si les autres êtres vivants le sont aussi; il pourra rechercher comment il se fait que les êtres puissent être conscients et, pour la satisfaction de son esprit, il imaginera à ce sujet des hypothèses *invérifiables*, comme celle de la conscience universelle; c'est l'hypothèse qui a été énoncée par erreur sous la dénomination de *vie universelle*; je le répète, si la vie n'est pas définie de manière à distinguer les corps vivants des corps bruts, l'homme de son cadavre, le mot vie n'a plus aucune signification.

Si, d'ailleurs, on a réussi à faire l'étude objective *complète* des êtres vivants avant de se préoccuper de cette hypothèse de la conscience universelle, c'est que cette hypothèse ne correspondra à rien qui se manifeste objectivement, et que *le fait d'être conscient* n'interviendra en rien dans la direction des mouvements vitaux. C'est ce que Maudsley d'abord, Huxley ensuite ont appelé : « La théorie de la *conscience épiphénomène.* » Nous en dirons quelques mots en temps opportun, mais nous devons d'abord nous limiter à l'étude purement objective des êtres vivants.

CHAPITRE III

Les phénomènes naturels se groupent en séries parallèles à échelles différentes.

Les quelques considérations précédentes relatives à la *dimension* des phénomènes biologiques nous ont déjà fait pressentir l'importance des questions d'échelle dans l'étude objective de la nature. Si le principe de continuité, tel que nous l'avons défini, nous permet d'envisager l'évolution organique comme étant une suite naturelle de l'évolution inorganique, nous devons nous demander à quel endroit de l'évolution inorganique peut, en bonne logique, se placer l'apparition de la vie. Mais il faut pour cela que nous jettions un coup d'œil rapide sur l'évolution inorganique, ou, pour employer un langage dépourvu de toute hypothèse, sur la classification générale des phénomènes de la nature.

Le principe de continuité se vérifie admirablement dans l'ensemble des manifestations de l'activité inorganique, à condition que l'on n'essaie pas de tout faire entrer dans une seule série, mais que l'on se résigne à établir plusieurs séries parallèles à des échelles différentes.

Chose étrange, la nature, que nous croyons volontiers si riche, a seulement à sa disposition un petit nombre de modèles, que l'on retrouve, tellement comparables les uns aux autres, dans les termes correspondants des séries parallèles, que les formules mathématiques applicables à l'une des séries peuvent s'employer pour les autres, sans trop de modification. Il n'est pas peu étonnant que la théorie moderne des *électrons* ait trouvé, dans un atome, une représentation très petite d'un système planétaire, avec un soleil central positif et de petites planètes négatives tournant autour.

Quelques exemples ne seront pas inutiles pour faire saisir l'existence des séries parallèles à échelles différentes ; je les choisis naturellement parmi ceux qui ont avec la vie des relations immédiates, de manière que leur étude nous soit directement profitable.

Premier exemple : MOUVEMENTS VIBRATOIRES, OSCILLATOIRES, PÉRIODIQUES. — Le mouvement vibratoire, qui tient dans la science actuelle une place si considérable, a d'abord été constaté dans les phénomènes sonores. Le premier mouvement vibratoire connu a été celui d'un ressort produisant un *son*. Dans l'étude de l'*acoustique*, les savants ont rencontré une première *série* continue de phénomènes, tous comparables entre eux, et différant les uns des autres par de simples coefficients numériques ; tout le monde connaît cette série qui est la série des *sons* classés par ordre de *hauteur*, et qui va depuis le son le plus aigu jusqu'au son le plus grave perceptible à l'oreille de l'homme. L'étude de ces mouvements vibratoires, faite, non plus au moyen de l'oreille qui classe les hauteurs des sons, mais au moyen de l'œil qui constate l'enregistrement des mouvements sur des cylindres, a permis de compléter cette série à ses deux extrémités, par des mouvements vibratoires plus rapides que celui du son perceptible le plus aigu, ou plus lents que celui du son perceptible le plus grave.

Voilà donc une série complète et fort intéressante en elle-même; mais elle est devenue bien plus intéressante encore le jour où le génie de Fresnel, reprenant une idée de Descartes et de Huyghens, en a tiré un modèle pour ces mouvements de l'éther des physiciens qui constituent ce qu'on appelle aujourd'hui les radiations. Maxwell a modifié, depuis, cette notion de Fresnel, et a remplacé la conception du mouvement oscillatoire de l'éther par celle d'une oscillation périodique de son état électromagnétique. Quoi qu'il en soit, les premières formules sont restées valables; le *modèle* du mouvement vibratoire n'a pas changé.

Dans ces mouvements vibratoires de l'éther s'est rencontrée une série *parallèle* à la série des vibrations sonores *quoiqu'entièrement distincte d'elle*, et infiniment plus importante; cette série a eu pour noyau primitif l'ensemble des radiations lumineuses formant le spectre de la lumière blanche; elle s'est accrue de la découverte des rayons infra-rouges et ultra-violets; puis de celle des rayons X dans l'ordre des vibrations très rapides et, surtout, dans l'ordre des vibrations très lentes, de celle des merveilleuses oscillations de Hertz, qui ont été comme la vérification tangible de la théorie de Maxwell.

Cette série n'est pas encore entièrement continue; il manque des degrés à l'échelle, par exemple à côté de l'infra-rouge et de l'ultra-violet, mais l'admirable continuité qui existe dans l'étendue du spectre visible est un gage de découvertes futures.

On pourrait, dans un ordre de phénomènes beaucoup plus grands, retrouver le même modèle de mouvement périodique dans les révolutions planétaires, mais cela ne nous intéresserait guère au point de vue de l'étude de la vie qui n'a rien à voir, directement du moins, avec les orbites des astres.

Au contraire, les vibrations sonores et les vibrations lumineuses, quoiqu'appartenant à deux séries parallèles entièrement distinctes, nous sont très utiles pour localiser la vie dans la nature, car les substances vivantes peuvent être sensibles *directement* à ces deux ordres de vibrations. Les animaux voient[1] et entendent; c'est donc qu'ils sont impressionnés par des phénomènes appartenant à deux séries si différentes quant à leurs dimensions. Et cette simple remarque nous fait déjà prévoir que la vie ne sera pas localisée en un point d'une série de phénomènes naturels, mais occupera, dans l'ensemble des activités du monde, une place considérable. Quand on voit se former un arc-en-ciel dans un jet d'eau, on constate que le mouvement des gouttes liquides ne déplace pas le météore lumineux; il y a donc indépendance

1. Chez les animaux unicellulaires dépourvus d'yeux, nous étudierons plus loin la sensibilité à la lumière, sous le nom de phototactisme.

absolue entre le second phénomène et le premier dont la rapidité est de l'ordre de grandeur des mouvements sonores. La vie, qui est sensible à des mouvements des deux séries parallèles, présentera, en effet, deux sortes d'activités distinctes qui correspondront grossièrement à la lumière et au jet d'eau.

Deuxième exemple : CHIMIE, COLLOÏDES, NÉBULEUSES. — L'exemple précédent était emprunté à des mouvements oscillatoires; celui-ci visera des structures, des mécanismes, comparables, provisoirement du moins, aux édifices que construisent les hommes et qui tirent leurs propriétés particulières de la manière même dont ils sont construits.

Aujourd'hui que la théorie atomique a conquis le monde, on peut définir la chimie : la science des édifices moléculaires construits avec des atomes, et l'étude des conditions dans lesquelles ces édifices se détruisent et se construisent les uns par les autres. Les phénomènes chimiques sont donc de l'ordre de grandeur des atomes ou, au moins, de l'ordre de grandeur des distances qui séparent les atomes dans les molécules ou les molécules entre elles.

Depuis quelques années, l'attention des savants est particulièrement attirée sur des corps spéciaux que l'on appelle les *colloïdes*, et qui ne sont ni franchement solides ni franchement liquides; leur nom est venu d'une comparaison entre ces corps et une solution aqueuse de colle. La théorie d'abord, l'observation microscopique en lumière diffractée ensuite, ont montré que ces colloïdes résultent de l'existence, au sein d'un fluide appelé *solvant*, de *particules* en suspension qui peuvent être souvent considérées comme de petites sphérules formées d'un fluide différent.

C'est là encore un phénomène de *structure*, mais il est de dimensions tout autres que le phénomène moléculaire ou chimique; chaque particule en suspension dans un colloïde contient un *très grand* nombre de molécules.

Enfin, une nébuleuse peut être considérée comme un colloïde gigantesque; mais les nébuleuses n'ont aucun rapport direct avec la vie, tandis que les molécules et les colloïdes vrais présentent, au contraire, un intérêt tout particulier pour le biologiste.

L'une des conquêtes premières de la biologie proprement dite fut due à Dujardin qui déclara que tous les êtres vivants sont formés de *sarcode*; plus tard, le mot *protoplasma* fut substitué à celui de sarcode, et il a prévalu dans la science. Mais il faut bien avouer que l'unité du mot protoplasma cacha d'abord une erreur; on crut que ce protoplasma était le même dans tous les corps vivants, alors qu'il fallait seulement dire que tous les corps vivants sont à un même *état* qui est l'*état protoplasmique*.

Encore cette expression est-elle bien vague! Si, il y a quelques années, on avait demandé à un biologiste de définir l'état protoplasmique, expression dont il se servait chaque jour abondamment, il aurait été obligé de répondre qu'on appelle protoplasmique l'état auquel se trouvent les substances en train de vivre, mais qu'il y a bien des différences, même dans l'aspect, entre le protoplasma d'une *amibe* et celui d'une *bactérie*. Le mot protoplasma était donc synonyme de : état physique particulier des substances vivantes; et la découverte de Dujardin se réduit à ceci, qui, d'ailleurs, n'est pas vain : il y a une telle similitude d'état entre les diverses substances vivantes qu'on peut leur attribuer, au point de vue structural, une dénomination unique.

La science moderne permet de donner plus de précision à la découverte intuitive de Dujardin. Nous disons aujourd'hui que *les protoplasmas sont des colloïdes*, ce qui revient à affirmer que toute substance *en train de vivre* est à l'état colloïdal! Cette simple proposition a un intérêt incalculable; elle est la clef de voûte de toute la biologie.

N'oublions pas, en effet, qu'une des premières conquêtes de la physiologie comparée a été d'établir l'existence de plusieurs phénomènes chimiques parmi les phénomènes vitaux. Or, la chimie est de dimension atomique; l'état colloïdal est, au contraire, relatif à des activités d'une dimension très supérieure à celle des réactions moléculaires; nous retrouvons, pour la seconde fois, ce caractère remarquable que présentent les phénomènes biologique de se passer, pour ainsi dire en même temps, à deux échelles différentes. Nous remarquions, en effet, tout à l'heure, que les substances vivantes, sensibles au son, le sont également à la lumière ; nous voyons maintenant que les réactions vitales sont à la fois de l'ordre chimique et de l'ordre colloïdal, et nous pouvons immédiatement, par une hypothèse un peu hardie, mais capable de nous ouvrir de grands horizons, supposer que, si la lumière agit sur les réactions chimiques de la vie, le son agit sur ses manifestations colloïdales.

Une des conclusions les plus importantes qui semblent ressortir, dès à présent, de l'étude encore toute récente des colloïdes (et cette conclusion deviendra de plus en plus claire dans les pages qui vont suivre) est que, dans beaucoup de cas, les réactions chimiques qui se produisent entre les particules en suspension et le liquide *solvant*, contribuent à modifier la nature du colloïde considéré comme colloïde, influent, en d'autres termes, sur l'état colloïdal spécial à ce colloïde. Réciproquement, si des actions directes modifient l'état colloïdal, il peut en résulter des variations chimiques, des réactions moléculaires entre les particules suspendues et le solvant.

Cette influence de l'état colloïdal sur l'état chimique, et l'influence réciproque de l'état chimique sur l'état colloïdal semblent être la règle pour les colloïdes vivants. On peut exprimer ce fait d'une manière plus claire, dans le langage fécond de l'équilibre, langage qui, depuis les immortels travaux de Gibbs, promet d'être un jour celui de la mécanique universelle.

Considérons trois sphérules A, B, C, en suspendant dans le solvant D d'un colloïde; on peut considérer l'équilibre du système, soit au point de vue colloïdal, c'est-à-dire au point de vue des relations de position des sphérules A, B, C, l'une avec l'autre, soit au point de vue des échanges osmotiques et chimiques réalisés entre chacune des sphérules et le solvant.

Si des réactions chimiques se produisent entre les particules et le solvant, il peut en résulter telle ou telle variation, d'ordre électrique par exemple, qui amène les particules à se rapprocher les unes des autres, et ainsi, une modification de l'équilibre chimique entraînera une modification correspondante de l'équilibre colloïdal. Réciproquement, si une influence capable de modifier directement l'équilibre colloïdal oblige les particules A, B, C à se rapprocher, il pourra en résulter une modification de l'équilibre osmotique et chimique établi entre ces particules et le solvant.

Un facteur d'action quelconque, qui agit directement sur un colloïde, peut influer, suivant sa dimension propre, soit sur l'équilibre colloïdal, soit sur l'équilibre chimique réalisé entre les particules et le solvant; mais comme ces deux ordres d'équilibre sont liés entre eux par des relations de cause à effet, il arrivera que, en fin de compte, un agent extérieur aura pu produire, dans un colloïde, un résultat d'une dimension très différente de la sienne propre; une vibration sonore, par exemple, pourra déterminer, *secondairement*, une modification chimique, pour avoir mis en branle les particules suspendues; réciproquement, une vibration lumineuse pourra déterminer, *secondairement*, une modification d'état colloïdal, pour avoir produit directement certaines réactions chimiques. Et cependant les vibrations sonores sont d'une dimension trop grande par rapport aux phénomènes chimiques, les vibrations lumineuses au contraire sont trop petites par rapport aux particules des colloïdes, pour qu'aucun de ces deux agents ait pu, directement, produire l'effet qu'il a secondairement déterminé.

Ainsi, non seulement la *vie* est, si j'ose m'exprimer ainsi, *à cheval* sur deux séries de phénomènes, aussi séparées que celle des vibrations sonores et celle des vibrations lumineuses, d'une part, celle des réactions moléculaires ou chimiques, et celle des variations *particulaires* ou colloïdales d'autre part, mais encore, elle établit un lien entre ces deux séries de phénomènes qui semblaient devoir tout ignorer l'une de l'autre. Nous aurons à revenir sur ces faits essentiels.

CHAPITRE IV

La place de la vie dans la nature.

Nous sommes maintenant outillés pour localiser déjà partiellement les phénomènes biologiques parmi les autres phénomènes naturels; nous savons qu'ils prennent place entre les phénomènes d'équilibre particulaire des colloïdes et les phénomènes chimiques d'équilibre moléculaire; nous serons d'ailleurs amenés à préciser cette localisation en voyant quels sont les agents physiques qui sont susceptibles d'influencer les substances vivantes. Par exemple, il sera intéressant de connaître entre quelles limites de vitesse vibratoire les mouvements sonores seront susceptibles d'impressionner des protoplasmas, entre quelles limites de longueur d'onde, de vibrations analogues aux vibrations lumineuses pourront modifier les substances chimiques des protoplasmas.

Nous ne connaissons pas encore le phénomène biologique essentiel, mais nous pouvons prévoir sa dimension.

Il y a des réactions chimiques en dehors de la vie; il y a des corps colloïdes qui ne sont pas vivants; aucun des caractères déjà passés en revue ne nous permet donc de définir la vie par rapport aux substances brutes; nous savons seulement que toute substance vivante est à l'état colloïdal, et est le siège de réactions chimiques, et qu'il y a des relations de cause à effet entre son équilibre colloïdal et son activité chimique; c'est déjà beaucoup.

Il y a d'autres quantités mesurables que celles qui se ramènent à des mesures de longueur. La température est, par exemple, une quantité que nous savons apprécier avec une grande exactitude. Or, le phénomène biologique est bien nettement localisé dans l'échelle des températures; on peut assigner une limite inférieure et une limite supérieure de température, limites en dehors desquelles aucune vie protoplasmique ne peut se manifester; c'est à peu près entre o et 60 degrés centigrades que se manifestent toutes les activités vitales proprement dites, ce qui ne veut pas dire que les substances vivantes soient tuées fatalement en dehors de ces limites; au contraire, sous certaines formes au moins, certaines substances vivantes peuvent résister à des froids très rigoureux et à des températures dépassant 100 degrés; nous voilà déjà amenés à distinguer la propriété « d'être en train de vivre » et la propriété « d'être susceptible de vivre »; la seconde est naturellement plus élastique que la première, mais l'activité vitale proprement dite peut être hardiment localisée entre 60 degrés centigrades et les environs de o degré.

Si l'on ne réfléchissait pas à la valeur réelle de ces limites, on pourrait s'imaginer que la vie occupe une large place dans l'échelle des températures, et l'on s'étonnerait même de la voir commencer à peu près en même temps que les températures positives. C'est que l'homme, qui est vivant, a choisi à son usage et à sa taille son échelle de températures; il a pris comme points fixes de cette échelle les points extrêmes entre lesquels, sous la pression qui lui est familière, *l'eau reste liquide*[1]; et il est tout naturel que la vie soit localisée à peu près entre les mêmes points fixes, puisque le protoplasma est un col-

1. Les eaux chargées de sels n'ont pas la même température de congélation; c'est pour cela qu'il faut donner o degré comme étant seulement à peu près la limite inférieure permettant les activités vitales protoplasmiques.

loïde *aqueux*, qui a besoin d'*eau liquide* pour exister. Toute l'histoire de la vie est d'ailleurs liée à celle de l'eau liquide; la vie est un phénomène aquatique.

Mais l'on sait aujourd'hui réaliser, dans les laboratoires, des températures infiniment plus basses et infiniment plus élevées que celles qui étaient connues de nos ancêtres; on sait en outre reconnaître, dans certains astres, l'existence de températures encore plus élevées que celle du four électrique; de sorte que la vie, limitée à la température de l'eau liquide, nous apparaît comme occupant dans l'échelle des températures un intervalle aussi restreint que dans l'échelle des grandeurs.

Il faut que la surface terrestre se trouve entre des limites de températures choisies avec une grande précision, pour que la vie y puisse exister; aussi la vie n'y a-t-elle pas existé de tout temps; elle n'a pu y apparaître que lorsque la température superficielle est devenue assez basse pour que l'eau y fût liquide; elle ne s'y conservera pas dès que la température deviendra trop basse; la vie n'est qu'un accident de surface dans l'histoire de l'évolution thermique du globe.

Cette question de la température est essentielle quand il s'agit de phénomènes qui, comme les phénomènes vitaux, comprennent des activités chimiques. On sait en effet que telle réaction chimique entre deux composés donnés ne se passe qu'à une certaine température; dans des conditions différentes, elle peut ne pas se manifester du tout, ou même se manifester en sens inverse. Or, nous avons vu tout à l'heure qu'un caractère très important des colloïdes vivants semblait consister dans le fait qu'il y a une relation de cause à effet entre l'équilibre colloïdal de ces substances et l'équilibre chimique de leurs constituants. Il faut donc que, pour ces constituants chimiques particuliers, les conditions d'existence soient telles, à la température de la vie, que de légères variations dans l'état colloïde (état électrostatique, état hydrostatique, etc.) puissent intervenir dans la genèse de réactions chimiques entre ces constituants, ou même changer le sens de réactions préexistantes. En d'autres termes, il faut que, dans les conditions thermiques de la vie protoplasmique, un certain nombre au moins des composants chimiques du protoplasma se trouvent à la température de *dissociation*.

On connaît l'expérience fondamentale de la dissociation. Au-dessus de 960 degrés centigrades, du carbonate de chaux enfermé dans une enceinte close avec de l'acide carbonique et de la chaux se trouve en équilibre avec ces deux composants, comme de l'eau, dans un vase clos, est en équilibre avec sa vapeur. Qu'on augmente légèrement la pression de l'enceinte sans que la température change, et de l'acide carbonique se combinera à de la chaux pour former une nouvelle quantité de carbonate de chaux ; que la pression diminue au contraire, ou que, la pression restant constante, la température s'élève, du carbonate de chaux se *dissociera* en chaux et acide carbonique. Toute variation dans la température ou la pression s'accompagnera donc d'une formation ou d'une dissociation de carbonate de chaux ; l'équilibre *chimique* réalisé entre le composé et ses composants sera donc régi par les conditions *physiques* réalisées dans l'enceinte. Il y aura là, de la chimie et de la physique unies par des relations de cause à effet, et *tellement inséparables*, qu'on a eu l'idée de créer la dénomination nouvelle de *chimie physique*, pour désigner la science qui s'occupe de ces phénomènes placés *à cheval* sur la chimie et sur la physique.

Nous résumerons donc ce que nous avons dit précédemment dans une formule unique : L'étude de la vie est du ressort de la chimie physique.

CHAPITRE V

La réversibilité.

On exprime souvent le fait de la dissociation chimique au-dessus d'une certaine température, en disant que les phénomènes correspondants sont *réversibles*.

Étant donnés deux phénomènes A et B (dans l'espèce, le phénomène A est la présence simultanée de carbonate de chaux, d'acide carbonique et de chaux dans une enceinte close ; le phénomène B est l'existence dans cette même enceinte, d'une température et d'une pression déterminées), on peut dire que ces deux phénomènes forment un ensemble réversible dans les conditions suivantes :

Que l'on intervienne directement pour amener dans le phénomène B une modification *b*, il en résultera pour le phénomène A une modification *a*. Que, inversement, l'on intervienne directement, pour amener dans le phénomène A une modification *a*, il en résultera pour le phénomène B *la même modification b* qui précédemment avait déterminé dans A la modification *a*. En d'autres termes, si les effets deviennent les causes, les causes deviennent les effets.

L'existence de cette réversibilité, plus ou moins complètement établie, entre l'état colloïdal des protoplasmes et la nature chimique de leurs substances constitutives va dominer toute la biologie.

L'activité colloïdale et l'activité chimique, se passent en effet, nous l'avons vu, à des degrés différents de l'échelle des grandeurs ; l'activité colloïdale peut, conséquemment, être impressionnée par des phénomènes extérieurs d'un ordre de grandeur tel que, directement, ils n'eussent pas eu de retentissement sur les activités chimiques ; mais il y a répercussion des variations colloïdales sur les activités chimiques, et réciproquement, des phénomènes extérieurs agissant directement sur les phénomènes chimiques peuvent, *secondairement*, retentir sur les activités colloïdales.

Or les phénomènes extérieurs dont l'ordre de grandeur est tel qu'ils puissent agir directement sur les activités colloïdales, comprennent, nous le verrons, ce que nous appelons à proprement parler les *actes* des animaux, c'est-à-dire les mouvements de locomotion par exemple, que nous pouvons percevoir directement au moyen de nos yeux, munis ou non d'une loupe, suivant les cas. La première conséquence des considérations précédentes est donc que les *actes* des animaux peuvent retentir par l'intermédiaire du mécanisme colloïde des protoplasmas, sur l'équilibre chimique de leurs substances constitutives elles-mêmes, que, en d'autres termes, la répercussion de ces actes peut s'emmagasiner dans la chimie intime des substances vivantes, comme l'énergie de la chute d'eau s'emmagasine, par l'intermédiaire d'une dynamo, dans l'accumulateur à lames de plomb. L'accumulateur étant chargé, sous forme chimique, de peroxyde de plomb, peut, dans des conditions différentes, restituer, aux dépens de sa provision de peroxyde, une partie de l'énergie de la chute d'eau. Faisons un grand pas, en passant volontairement par-dessus de nombreux intermédiaires, et nous tirerons de ces considérations générales une conséquence extrêmement intéressante, quoiqu'un peu prématurée pour le moment : Si la poule fabrique l'œuf, l'œuf à son tour fabriquera la poule. Nous prévoyons déjà que nous ne serons pas trop profondément étonnés en constatant ce phénomène prodigieux et qui dirige toute l'évolution des espèces vivantes : l'hérédité des caractères acquis.

DEUXIÈME PARTIE

ANALYSE DES PHÉNOMÈNES NATURELS

CHAPITRE VI

Dangers d'une analyse trop hâtive.

On pourrait croire que les considérations établies dans les chapitres précédents ont préparé la découverte de ce que nous nous proposons de trouver, savoir, quels sont les phénomènes biologiques essentiels, les caractères qui distinguent les corps vivants des corps bruts.

Nous savons déjà, en effet, qu'il y a dans ces phénomènes biologiques, des activités chimiques et des activités colloïdales. Si nous pouvions dire *quelles* activités chimiques et quelles activités colloïdales, il est vraisemblable que cela suffirait à séparer les corps vivants des corps non vivants.

Malheureusement, en l'état actuel de la chimie et de la physique, nous ne savons pas répondre à ces questions; nous ne savons pas dire par quelle particularité chimique ou colloïde l'être vivant diffère de son cadavre; nous ne pouvons jusqu'à présent songer à définir la vie que par ses résultats. Nous sommes certains, d'ailleurs, que cette définition sera possible, puisque, dans la vie courante, les hommes les plus ignorants n'hésitent pas, dans la plupart des cas, à déclarer qu'un corps est vivant, un autre non. Il y a donc des caractères objectifs, très accessibles, qui doivent nous permettre de résoudre le problème.

Il faudra *analyser* tout ce que nous savons de la manière d'être des corps vivants, pour arriver à trouver ce qui appartient à eux et à eux seuls; mais il faudra choisir notre méthode analytique pour éviter des erreurs qui, nous conduisant à adopter un langage fautif, stériliseraient d'avance tous nos efforts.

Le meilleur moyen de montrer les dangers d'une analyse trop hâtive est de donner l'exemple de deux théories très célèbres qui encombrent actuellement le champ de la biologie et qui, dues à des erreurs de méthode, pèsent lourdement encore sur les épaules des chercheurs. Ces deux théories ont enlevé toute valeur comme instrument de recherches aux deux phénomènes qui nous renseignent le mieux sur la vie, je veux dire: l'hérédité d'abord, et ensuite la fabrication des sérums antitoxiques spécifiques.

Les savants responsables de ces erreurs de méthode ont, par ailleurs, à juste titre, une très grande autorité scientifique, ce qui a rendu leurs théories encore plus néfastes. La première, relative à l'hérédité, est due à Darwin et à Weismann; la seconde, relative aux sérums antitoxiques, est due à Ehrlich. Dans les deux cas d'ailleurs, l'erreur de méthode est la même ; elle consiste à représenter par un nom des choses qui n'existent pas.

Le problème de l'hérédité, que nous étudierons dans un chapitre ultérieur, peut se poser ainsi : Comment se fait-il qu'un œuf de hareng, se développant au milieu des hasards de la mer, donne naissance à un hareng ? Évidemment, il y a en lui quelque chose qui le distingue d'un œuf d'oursin, puisque les deux œufs, se développant dans des conditions similaires, donnent naissance à des animaux si dissemblables. C'est ce quelque chose d'inconnu que l'on peut appeler l'hérédité spécifique de l'œuf de hareng.

Darwin, voulant expliquer la nature mystérieuse de cette hérédité, a probablement raisonné de la manière suivante : Si j'avais à reproduire moi-même un hareng, il me faudrait une description complète de tous ses *caractères* ; il faut, de même, que l'œuf possède, sinon une description, du moins une *représentation* de tous les caractères nécessaires à la détermination du hareng adulte qui en sortira.

Ce raisonnement ne manque pas de logique ; encore faut-il que l'on s'entende sur le mot *caractère*. Ce que nous appelons les caractères d'un être vivant ou d'un corps brut, ce sont les éléments de la description analytique que nous en faisons pour notre besoin personnel, et d'après le caprice de notre fantaisie. Ces caractères n'existent donc qu'en tant que nous les créons nous-mêmes pour notre usage. Nous pouvons décrire le hareng de cent mille manières différentes, en le découpant en petits cubes, ou en tranches minces, dont nous analyserons successivement le contenu. Darwin a choisi la division en cellules, et il a supposé, en conséquence, que chaque cellule du corps du hareng est représentée dans l'œuf par une *gemmule* invisible qui est sa particule représentative.

Quoique cette division en cellules ait un aspect plus biologique que la division en tranches minces ou en parallélipipèdes, Darwin ne l'a pas moins choisie *au hasard* ; il n'y avait par conséquent pas beaucoup de chances pour que ce fût ce mode d'analyse du hareng qui fût précisement représenté dans l'œuf ; avant la théorie cellulaire, un autre Darwin eût pu imaginer une toute autre représentation. Un amateur de simplicité aurait même pu réduire l'analyse du hareng à une expression infiniment condensée, en déclarant qu'il n'y a qu'un caractère dans le hareng, savoir la *harengéité* ou propriété d'être un hareng. Il aurait suffi alors que ce caractère unique fût déterminé dans l'œuf, et nous sommes sûrs en effet qu'il l'est, puisque c'est l'expression même du phénomène d'hérédité. Darwin a remplacé une *harengéité* unique par plusieurs millions de *cellularités*, aussi mystérieuses et bien plus hypothétiques.

Tout le monde est d'accord sur le fait que l'œuf contient les *éléments nécessaires* à la détermination de l'adulte dans les conditions où le développement a lieu ; mais l'important est précisément de savoir *quels sont ces éléments nécessaires* ; en d'autres termes, par quel procédé devons-nous *analyser* le hareng, pour que sa reproduction, grâce à un œuf issu de lui, nous soit compréhensible ? Darwin, puis Weismann ont préconisé l'analyse cellulaire ; il y en a une infinité d'autres qui ont autant de raisons philosophiques d'être les bonnes ; ce n'est pas au hasard que l'on trouvera la meilleure.

Weismann a aggravé l'erreur de méthode de Darwin en voulant lui donner de la rigueur ; il a imaginé, dans les cellules mêmes, des *caractères* représentés par des particules encore plus petites que les *gemmules*, ne remarquant pas que, représenter un *caractère* par une particule, cela revient à donner à ce caractère, qui n'est qu'un produit de la fantaisie de l'analyste, une existence *absolue*. Donner des noms à des choses qui n'existent pas, voilà qui est irrémédiable, car ces noms existant ensuite dans le langage, on ne pourra plus croire qu'ils ne signifient rien. Le langage de Weismann est aujourd'hui employé par la majorité des histologistes.

L'erreur commise par Ehrlich est du même ordre, et aussi néfaste, dans le domaine de la pathologie générale. Lorsqu'on injecte, à un animal vivant, un colloïde emprunté à un autre animal ou à un microbe (venin, toxine) l'animal, s'il reste vivant, subit une modification particulière qui se traduit par le fait que son sérum a acquis la propriété de neutraliser ensuite l'action de cette toxine ou de ce venin.

Sans se demander si, dans ce conflit de substances colloïdes, le phénomène produit est d'ordre colloïdal ou d'ordre chimique, Ehrlich a admis d'emblée qu'il apparaît, dans le sérum de l'animal injecté, une substance *chimiquement définie* et qui est précisément l'antidote de la toxine considérée comme agent également chimique[1].

Outre que cette manière de présenter les faits prêterait gratuitement aux éléments cellulaires de l'animal un véritable génie chimique, leur permettant, vis-à-vis de milliers de poïsons chimiques, de fabriquer toujours l'antidote spécifique, la théorie d'Ehrlich a en outre l'inconvénient de stériliser l'un de nos plus puissants moyens d'investigation biologique.

Ce n'est pas au hasard, en effet, que j'ai choisi les deux exemples précédents comme type d'erreurs de méthode ; l'hérédité et la fabrication des sérums antitoxiques spécifiques nous apparaîtront comme les deux phénomènes fondamentaux de la biologie.

CHAPITRE VII

Méthodes artificielles et naturelles.

Quand nous devons étudier un fait quelconque, *considéré seul*, nous avons toute liberté pour choisir, comme il nous plaît, la méthode d'analyse de ce fait; la meilleure est celle qui est la plus claire pour nous observateurs; à ce point

1. J'ai étudié cette question dans un ouvrage récent : *Introduction à la Pathologie générale* (Alcan, 1906.)

de vue toutes les méthodes d'analyse sont artificielles.

Il n'en est plus de même quand nous devons étudier un objet par rapport à un autre objet avec lequel il est en relations.

Alors, notre méthode d'analyse du premier objet devra être telle, qu'elle mette en évidence précisément les éléments de ce premier objet, qui sont en relation avec le second.

Tout à l'heure, par exemple, s'il s'agissait simplement de la description d'un hareng adulte, nous n'avions aucune raison *a priori* de choisir un mode d'analyse plutôt qu'un autre; nous choisissions seulement la plus commode entre plusieurs méthodes descriptives toutes également artificielles.

Mais s'il s'agit de l'hérédité du hareng, c'est-à-dire du hareng envisagé par rapport à l'œuf qu'il produit et qui le reproduira, la méthode naturelle consisterait à mettre en évidence, dans le hareng, précisément ceux de ses caractères qui sont déterminés dans l'œuf, et non d'autres. Dans un problème comme celui-là, la découverte de la méthode naturelle revient à la solution même du problème posé.

Voici des exemples célèbres, qui nous feront toucher du doigt cette question des méthodes artificielles et naturelles.

Premier exemple : ANALYSE DE L'AUDITION PAR HELMHOLZ ET PAR PIERRE BONNIER. — Le premier exemple, le plus suggestif de tous, nous est fourni par l'analyse des sons.

Suivant que nous étudierons les sons en eux-mêmes, en tant que mouvements vibratoires, ou que nous étudierons les sons par rapport à l'oreille humaine qui les perçoit, nous nous trouverons dans le premier ou dans le second des cas précédemment signalés, c'est-à-dire dans le cas de la liberté absolue d'analyse artificielle ou dans celui de la nécessité d'une méthode naturelle d'investigation.

Pour l'analyse de sons très compliqués, de la voix humaine par exemple, deux méthodes surtout ont été employées :

1° La méthode graphique, qui consiste à enregistrer, sur un cylindre tournant, une ligne sinueuse tracée par un stylet appliqué à une lame que la voix fait vibrer. Cette méthode a fait ses preuves, puisque l'invention du phonographe a permis de reproduire la voix humaine ainsi enregistrée sur le cylindre.

2° La méthode des résonnateurs, qui consiste à décomposer un son compliqué en sons simples, comme on décompose, par le prisme, la lumière blanche en lumières simples. Helmholz a appliqué avec succès cette méthode à l'étude de la voix humaine; il disposait, dans une chambre, un grand nombre de résonnateurs dont chacun pouvait rendre un son simple déterminé; ces résonnateurs étant couverts d'une légère couche de poussière, un chanteur émettait près d'eux le son A par exemple; on reconnaissait, aux figures tracées dans la poussière des résonnateurs, quels étaient ceux qui avaient vibré; on notait les sons simples correspondants, et on avait ainsi découvert les sons simples dont la superposition produit la voyelle A. Il était facile d'ailleurs de vérifier la valeur de cette analyse, en faisant vibrer conjointement tous les résonnateurs ainsi déterminés, ce qui reproduisait la voyelle A.

Les deux méthodes d'analyse, méthode de l'inscription sur un cylindre et méthode des résonnateurs d'Helmholz, étaient donc également scientifiques, tant qu'il ne s'agissait que de l'étude objective du son considéré comme mouvement vibratoire. Et même on peut dire sans hésiter que la méthode d'Helmholz donnait à l'esprit humain une satisfaction plus grande.

Tout autre était le problème lorsqu'il s'est agi de comprendre le mécanisme de l'audition, c'est-à-dire les rapports du son avec l'oreille humaine. Ici il n'était plus question de savoir quel mode d'analyse est le plus satisfaisant pour l'esprit humain, mais quel est celui qui est adéquat à la fonction propre de notre appareil auditif. Commettant une erreur analogue à celle de Darwin et de Weismann, Helmholz supposa *a priori* que l'analyse des sons par notre oreille se fait par la méthode la plus satisfaisante pour notre esprit, et il attribua à des fibres de l'oreille interne la valeur de résonnateurs dont chacun pouvait reproduire un son simple. Cette hypothèse a été démontrée inacceptable, mais elle était si séduisante qu'elle est encore enseignée partout.

Pierre Bonnier a au contraire émis l'hypothèse que l'analyse du son par l'oreille se fait d'une manière analogue à celle de l'enregistrement sur un cylindre; il a pensé que, ce qui impressionne les extrémités de notre nerf auditif, c'est la *forme* de la vibration aérienne, forme qui se transmettrait par une série de pressions, aux liquides intra-auriculaires, comme elle se transmet à la plaque vibrante dont le stylet la transcrit sur le cylindre enregistreur du phonographe.

Je crois la théorie de Pierre Bonnier préférable à celle de Helmholz, mais je n'ai pas à discuter ici la valeur respective de ces systèmes; je voulais seulement montrer qu'il n'y a aucune raison pour que le procédé analytique le plus séduisant pour l'esprit humain ait été choisi par notre oreille pour recueillir les sons; pour être tout à fait conséquent avec moi-même au point de vue de la question de méthode, je déclarerai même, quoique la théorie de Pierre Bonnier me paraisse acceptable, que l'oreille n'emploie peut-être ni la méthode des résonnateurs, ni celle de l'enregistrement des formes sonores, mais une troisième qui n'est pas encore trouvée, et qui, si elle s'adapte parfaitement à notre mécanisme auditif, serait probablement, par contre, fort peu utilisable pour enseigner l'acoustique dans les lycées.

Deuxième exemple : ANALYSE D'UN COMPOSÉ CHIMIQUE EN ÉLÉMENTS OU EN FONCTIONS. — Quand il s'agit de l'étude d'un composé chimique, on peut se proposer, soit de le décrire complètement de manière à pouvoir le reconnaître ensuite, partout et toujours, soit de caractériser la manière dont il se comportera vis-à-vis de tel ou tel autre composé préalablement choisi.

Si l'on se propose le premier but, il est certain que tous les moyens d'analyse seront bons pourvu qu'ils soient précis; on mesurera la densité du corps étudié, sa température d'ébullition ou de congélation; on appréciera autant que possible sa couleur, sa saveur, son odeur; on fera son analyse chimique élémentaire, et l'on déclarera qu'il contient tant de carbone, tant de soufre, tant d'hydrogène, etc. En un mot, on accumulera tous les *caractères* que l'on voudra; chacun d'eux pourra être utile dans un cas donné, et servira notamment aux pharmaciens qui ont besoin uniquement de s'assurer de la nature d'un produit.

Mais si l'on a seulement recueilli ainsi, au hasard, tous les caractères descriptifs du corps considéré, on ne pourra en aucune manière prévoir la manière dont ce corps se comportera en présence de l'acide sulfurique par exemple, l'analyse de ce corps au point de vue « acide sulfurique » n'ayant probablement rien de commun avec son analyse au point de vue humain. Un procédé fort simple permettra au contraire de résoudre cette nouvelle question; on fera réagir une certaine quantité du corps considéré avec de l'acide sulfurique, et l'on notera ce qui se passe. C'est ce que faisait l'ancienne chimie; on trouvait, dans les traités d'il y a vingt ans, la description, pour chaque corps, d'abord de ses caractères distinctifs, ensuite de ses réactions avec un certain nombre d'agents choisis à l'avance.

Les progrès de la chimie atomique ont permis

de condenser en un petit nombre de mots, ou dans des formules stéréochimiques, tout ce qu'il est possible de prévoir, à propos des réactions d'un corps avec tous les autres corps possibles. On dit aujourd'hui, lorsqu'on a réalisé ce travail d'un nouveau genre, que l'on a analysé le corps *en ses fonctions*; ce qu'il y a d'excellent dans cette méthode, c'est que cette analyse n'est pas faite au point de vue des réactions du corps considéré avec un seul corps choisi à l'avance, mais avec tous les autres corps de la chimie.

On dira par exemple, dans ce nouveau langage, que la glycérine est un alcool triatomique qui possède deux fois la *fonction* alcool primaire et une fois la *fonction* alcool secondaire. Cela permettra à un chimiste de prévoir ses réactions avec une foule d'autres corps; mais il sera évidemment plus commode à un pharmacien de savoir que c'est un liquide sirupeux incolore, et de connaître son goût et ses autres qualités facilement appréciables.

Ce modèle de l'analyse *en fonctions* nous sera extrêmement précieux pour l'étude de la vie.

L'ANALYSE DES CORPS PAR LE MOYEN DE NOS ORGANES DES SENS. — Parmi les propriétés auxquelles les anciens chimistes reconnaissaient les corps définis, on mettait à part, comme aisément utilisables, les propriétés *organoleptiques*, c'est-à-dire les propriétés qui se reconnaissaient par l'usage direct de nos organes des sens. La saveur, la couleur, l'odeur sont, au premier chef, des qualités organoleptiques; on comprend aisément que ces qualités intéressent les rapports des corps chimiques *avec l'homme*, et non leurs rapports avec tel ou tel composé défini.

Ces propriétés n'étaient donc utiles que pour la connaissance directe, par l'homme, des substances considérées. Or, il faut remarquer que tous nos moyens de connaissance sont, jusqu'à un certain point, organoleptiques; même lorsque nous faisons des mesures rigoureuses, au moyen d'appareils très précis, lorsque, en d'autres termes, nous pratiquons la *science*, avec ses méthodes les plus strictes, nous décomposons toujours les descriptions des choses en éléments *qui frappent nos sens*. La longueur ou l'épaisseur mesurées au centimètre, la température mesurée au thermomètre, etc., sont des éléments descriptifs intéressant notre vue ou notre tact, et qui peuvent n'avoir aucun rapport direct avec les relations du corps étudié et d'un corps autre que nous-mêmes.

C'est pour cela qu'il faut nous défier de ce que nous appelons la *simplicité* des choses. Tel phénomène, simple pour nous, pourra être au contraire d'une extrême complexité par rapport à tel autre phénomène avec lequel il se trouve en conflit dans la nature.

Réciproquement, et c'est cela surtout qui est important pour nous ici, un phénomène, très compliqué si l'on en fait l'analyse humaine, peut avoir avec un autre phénomène de la nature, des rapports très simples. Nous verrons par exemple que, dans un conflit de deux *états colloïdes* différents, il se passe des phénomènes que l'on peut résumer dans une formule simple, alors que l'état colloïde lui-même nous paraît, à nous hommes, une chose encore si compliquée que nous ne saurions, dans l'état actuel de la science, en donner une définition directe.

Nous aurons donc toujours avantage, pour étudier un phénomène nouveau, *à abandonner provisoirement notre connaissance humaine de ce phénomène, et à rechercher quels sont les autres phénomènes de la nature avec lesquels il entre en relation d'une manière susceptible d'être racontée dans une formule simple.* Nous comprenons, en particulier qu'il est avantageux d'étudier le conflit des phénomènes avec d'autres phénomènes *de même dimension qu'eux*, des corps vivants qui sont colloïdes, par exemple, avec les autres corps colloïdes vivants ou non vivants.

LA MÉTHODE DES LOIS APPROCHÉES EN PHYSIQUE. — Tout à l'opposé de cette méthode d'investigation vraiment naturelle et qui consiste dans la recherche des lois simples, la méthode des lois approchées a aussi, dans beaucoup de cas, une fécondité indéniable. Elle a pour modèle théorique la méthode des résonnateurs d'Helmholz dans laquelle on décomposait un phénomène, complexe au point de vue de la description humaine, en plusieurs autres phénomènes dont la superposition reproduisait le phénomène étudié, et dont chacun, séparément, se prêtait aisément à l'analyse scientifique.

Supposons que nous ayons donné un coup d'archet à une corde de laiton tendue de manière à la faire vibrer, dans son ensemble, en produisant ce qu'on appelle un son simple. Une corde *semblable*, mais formée d'un fil d'argent, donnera le même son dans les mêmes conditions, et cependant, ces deux sons différeront par une qualité spéciale, le timbre.

Proclamer l'identité de ces deux sons sera énoncer une loi approchée. Les deux sons pourront être identiques comme hauteur et comme amplitude, nous les distinguerons cependant l'un de l'autre parce qu'ils n'auront pas le même timbre.

La méthode de Helmholz, appliquée à ces deux cas, nous permettra de savoir que, dans chacun d'eux, le son fondamental est accompagné d'*harmoniques* différents; mais supposons que nous ne sachions pas nous servir de résonnateurs; nous serions réduits à déclarer que nous avons découvert une loi approchée.

Pour une pierre qui tombe dans un puits, nous faisons la même chose. Nous avons établi d'abord une loi simple pour la chute des corps dans le vide ; cette loi n'est qu'approchée du moment qu'il s'agit d'une chute dans l'air, mais nous essayons de trouver une autre formule exprimant le ralentissement par le frottement de l'air, et par laquelle nous corrigeons la première.

Dans ces deux cas, nous avons remplacé un phénomène réel et unique, mais compliqué pour notre analyse, par une superposition artificielle de deux phénomènes imaginaires dont chacun est plus facilement représentable par des formules; c'est toujours la méthode fantaisiste d'analyse dont je parlais plus haut et qui n'est utile que pour l'étude humaine d'un fait.

La loi de Mariotte nous donne l'exemple d'une autre loi approchée, dans un cas où les hommes de science n'ont pas encore su trouver la formule complémentaire qui eût, pour chaque gaz, corrigé cette loi inexacte.

Nous utiliserons cette méthode pour l'étude de la vie, malgré son imperfection, à cause de l'attrait qu'elle présente pour l'esprit humain; nous commencerons même par elle, et nous consacrerons la prochaine partie de cet ouvrage à l'application de la méthode artificielle des lois approchées dans la recherche du phénomène biologique essentiel. Cela déroutera moins le lecteur qui est habitué à cette méthode par ses études de physique et de chimie. Nous découvrirons ainsi la loi approchée de *l'assimilation* ou *hérédité.*

Dans la partie suivante nous entrerons au cœur du sujet en appliquant la méthode plus rationnelle de l'étude des rapports des corps vivants avec les autres colloïdes, et nous en tirerons l'établissement de la loi, *rigoureuse cette fois*, que l'on peut appeler *assimilation fonctionnelle* ou *hérédité des caractères acquis.*

TROISIÈME PARTIE

PREMIÈRE MÉTHODE D'ANALYSE DES PHÉNOMÈNES VITAUX LA LOI APPROCHÉE D'ASSIMILATION

CHAPITRE VIII

Analyse artificielle faite sur le modèle des sciences physiques.

Puisque, dans l'état actuel de la science, nous ne pouvons définir avec précision, ni la structure chimique, ni l'état colloïdal *propres* aux substances vivantes, ce qui, sans nul doute, suffirait à caractériser la vie, il faudra chercher ailleurs.

Il est naturel de penser d'abord à la structure cellulaire qui a été le premier caractère descriptif ayant semblé commun à tous les êtres vivants. Et de fait, cette structure cellulaire a une importance considérable.

Un caractère qui semble aussi général que la structure cellulaire elle-même, est la présence, dans la substance vivante de chaque cellule, de deux masses colloïdes distinctes, l'une centrale et que l'on appelle *noyau*, l'autre périphérique et que l'on appelle *cytoplasma*. L'existence générale de ces deux masses distinctes, se comportant différemment en présence d'un des réactifs que nous employons, les couleurs basiques d'aniline, nous fait penser à un mécanisme dans lequel la coexistence de deux agents distincts serait nécessaire (comme le cuivre et le zinc de la pile de Volta) à la réalisation du phénomène vital.

D'ailleurs, des expériences dont nous parlerons, un peu plus tard, nous confirment dans cette idée que le phénomène vital ne s'accomplit pas quand l'un de ces agents est enlevé (expériences de mérotomie). Évidemment, donc, il y a là quelque chose de fondamental, un caractère de structure susceptible de s'appliquer à tous les éléments vivants ou à peu près.

Malheureusement, ici encore, nous sommes arrêtés par la pénurie de nos moyens d'investigation relatifs à la structure chimique et à l'état colloïde. Si nous tuons une cellule au moyen d'acide osmique ou de bichlorure de mercure, l'existence des deux colloïdes distincts, le cytoplasma et le noyau, devient encore plus manifeste. Autrement dit, nous trouvons le même caractère structural dans la *cellule morte* et dans la *cellule vivante*. Il ne faut pas en conclure que ce caractère structural n'est pas caractéristique de la vie, mais bien que, avec nos moyens imparfaits de recherche, nous ne savons pas distinguer l'ensemble vivant « cytoplasma-noyau », de l'ensemble mort « cadavre de cytoplasma-cadavre de noyau ».

Cherchons donc ailleurs.

On a cru longtemps que la spontanéité du mouvement caractérisait la vie ; il a fallu renoncer à cette opinion ; d'abord parce que cette prétendue spontanéité a été démontrée résulter de réactions chimiques et d'échanges osmotiques ; ensuite, parce que, dans les substances mortes, on a découvert des mouvements spontanés (mouvement brownien).

Nous étudierons plus loin cette question du mouvement des corps vivants ; qu'il nous suffise, pour le moment, de savoir qu'on ne peut pas tirer de son étude les éléments d'une définition de la vie.

L'être vivant *croît*, évolue, et meurt, disent les plus anciennes définitions. C'est dans ce premier caractère de la *croissance*, que nous trouverons le *discriminant* de la *vie*, et cela est d'autant plus singulier que ce caractère n'est pas observable chez les êtres qui sont pour nous comme le type même de la *vie*, l'homme et les animaux *adultes*.

En revanche, ce caractère de la croissance est évident chez les végétaux familiers, et aussi chez les animaux, pourvu que nous étudiions ceux-ci, non plus au moment très spécial où ils sont adultes, mais pendant les premiers temps de leur existence individuelle, pendant ce qu'on appelle précisément leur *période de croissance*. Le veau grandit et devient taureau, le chevreau grandit et devient chèvre, l'enfant grandit et devient homme.

Mais, dira-t-on, la boule de neige grossit en roulant, le cristal d'alun grossit dans une solution d'alun, et cependant nous ne considérons pas comme vivants le cristal d'alun et la boule de neige ?

Le cas n'est pas le même, car le cristal d'*alun* grossit aux dépens d'une solution d'*alun*, la boule de *neige* grossit aux dépens d'une couche de *neige*, tandis que le veau grossit en mangeant du foin, du trèfle ou de la luzerne. Autrement dit, l'animal ou le végétal se développe aux dépens de substances *différentes de la sienne propre*, tandis que, dans les cas de croissance observés chez les corps bruts, le grossissement a lieu aux dépens de substances identiques à celle qui grandit (ou, du moins, au moyen d'éléments, toujours les mêmes, comme dans le cas du carbonate de chaux qui, à la température de la dissociation, peut s'accroître, sous l'influence d'une augmentation de pression, aux dépens d'acide carbonique et de chaux).

Voilà donc un caractère qui paraît commun à tous les corps vivants, au moins pendant une partie de leur vie.

Il faut avouer que ce caractère se présente à nous avec l'aspect de quelque chose de très grossier, l'homme est un enfant grandi, mais combien différent de l'enfant ! Le taureau est un veau grandi, mais non seulement sa forme, sa substance même, sa *viande* nous paraissent très différentes de la forme et de la viande du veau.

Et nous sentons combien approximatif est ce résultat : le veau fabrique avec de l'herbe, de la luzerne ou du sainfoin, *de la substance de veau*.

C'est cependant sous cette constatation grossière que se cache le caractère par lequel nous allons définir la vie. Cela nous sera rendu plus aisé par la considération de cas où l'identité de la substance initiale et de la substance finale paraît plus évidente.

Je sème un grain de blé ; j'obtiens un épi qui en contient 40 ; puis je sème ces 40 grains et j'en obtiens 1.600 ; j'ai ainsi réalisé, en deux années de culture, la fabrication, par un grain de blé initial, aux dépens de l'humus et de l'atmosphère, de 1.600 grains dont la substance me paraît bien voisine de celle du grain initial.

Un exemple plus parfait se trouve dans les cultures de bactéries telles qu'on les réalise dans les laboratoires. Lorsqu'on a bien étudié une bactérie donnée, lorsqu'on connaît tous ses besoins comme nourriture, comme aération, comme température, on arrive, avec des précautions minutieuses, à obtenir une multiplication prodigieuse de cette bactérie, en conservant à ses descendants exactement tous les caractères, même les plus précis, que l'on sache mettre en évidence par des expériences de laboratoire.

Dans ce cas, la loi apparaît, dégagée de toute imprécision. La bactérie a *assimilé* le milieu de culture, a transformé des parties de ce milieu de culture en bactéries semblables à elle. Si, donc, nous négligeons, pour le moment, la considération de la *forme* des bactéries, si nous songeons uniquement aux substances constitutives de ces bactéries, nous constatons là un résultat d'ordre *chimique*, une réaction chimique, nouvelle dans ses résultats, et n'appartenant à aucun corps brut.

Les corps bruts, en effet, les composés chimiques non vivants, se détruisent toujours en réagissant chimiquement avec d'autres composés. Si l'on convient de ne mettre en ligne de compte que les quantités de substance ayant *effectivement* réagi, une équation de la chimie brute se présente toujours sous la forme :

$$A + B = C + D$$

$$2NaCl + So^4H^2 = So^4Na^2 + 2HCl,$$

c'est-à-dire que, dans le second membre de cette équation chimique, on ne retrouve aucun des corps chimiquement définis qui ont figuré dans le premier membre. C et D sont toujours différents de A et de B.

Au contraire, pour les bactéries par exemple, la substance de la bactérie initiale, *qui a effectivement réagi*, puisque c'est même elle qui a donné à la réaction son caractère spécifique, se retrouve, et considérablement augmentée, dans le second membre de l'équation chimique qui représente le phénomène.

Pour écrire *symboliquement* cette équation de la multiplication d'une bactérie, nous devons remarquer que cette multiplication s'est faite aux dépens de certaines substances alimentaires qui ont disparu du bouillon de culture pendant la réaction; je représente ces substances par la lettre Q. En même temps que les bactéries se sont multipliées, il a aussi apparu, dans le bouillon, des substances nouvelles, que l'on peut appeler substances accessoires à l'assimilation, et qui se produisent, toujours les mêmes, quand une même espèce bactérienne se multiplie dans les mêmes conditions. Je représente par la lettre R ces substances accessoires à l'assimilation.

Si maintenant j'appelle *a* l'ensemble des substances actives de la bactérie, et que je suppose la réaction arrêtée lorsqu'il s'est formé un nombre λ de bactéries (ce nombre λ sera d'autant plus grand que nous aurons suivi la réaction pendant plus longtemps, il pourra être égal à 2, à 4, à 8, à 16, etc., mais il sera toujours plus grand que 1), l'équation chimique qui représente la fabrication de ces λ bactéries nouvelles sera, suivant la loi de la conservation de la matière :

$$a + Q = \lambda a + R$$

J'ai appelé *équation chimique de la vie élémentaire manifestée*, cette équation que j'ai écrite pour la première fois il y a dix ans[1], et qui m'a paru commode pour énoncer la loi d'assimilation.

Cette loi d'assimilation, rigoureuse dans le cas très spécial d'une bactérie cultivée avec toutes les précautions qui l'empêchent de varier, est seulement *approchée* dans les autres cas. Mais, comme

1. *Théorie nouvelle de la vie*. Paris, F. Alcan. 3e édition.

l'a fait Helmholz pour le timbre (voyez plus haut, p. 38), nous pouvons essayer de lui conserver sa rigueur, en découvrant quels phénomènes se surajoutent au phénomène que représente l'équation précédente, et l'empêchent de correspondre avec précision à ce qui se passe dans la nature vivante.

DESTRUCTION ET VARIATION. — Nous y arrivons facilement en remarquant que, dans la chimie brute elle-même, un composé défini n'a pas qu'une manière de réagir en présence d'un certain nombre d'autres composés également définis ; les réactions qui se produisent dans un mélange de corps dépendent des *conditions* réalisées. Il n'y a aucune raison *a priori* pour que les substances vivantes diffèrent, à ce point de vue, des substances brutes ordinaires. Lorsque nous avons pris l'exemple d'une bactérie qui se multipliait sans éprouver de variation, nous nous sommes entourés de toutes les précautions nécessaires pour éviter, justement, qu'il se produisit une seule réaction autre que celle que nous voulions mettre en évidence. Nous avons réalisé des conditions expérimentales analogues à celles de la chute d'un corps dans le vide, et nous avons obtenu une formule rigoureuse, comme la formule mécanique de la chute des corps.

Mais nous savons d'autre part que, en traitant une bactérie par des corps autres que le bouillon, par de l'ammoniaque, par du bichlorure de mercure, qui sont également des substances chimiques, nous obtenons, non plus une multiplication, mais bien une *destruction* de la bactérie considérée; c'est-à-dire que si, dans certaines conditions, bien choisies par un expérimentateur habile, la bactérie manifeste par l'assimilation sa qualité de corps vivant, dans d'autres conditions, au contraire, elle se comporte comme les corps ordinaires de la chimie et se détruit en réagissant. La destruction que subit la bactérie peut d'ailleurs se faire d'une infinité de manières, suivant les réactifs employés et les conditions dans lesquelles on les emploie.

Enfin, il faut remarquer que les réactions destructives doivent être bien plus faciles à réaliser que les réactions constructives; si l'on vous donne *au hasard* une bactérie et un liquide, et si vous plongez la bactérie dans le liquide, vous avez beaucoup plus de chances de l'y voir mourir que de l'y voir prospérer; l'assimilation est l'exception, la destruction est la règle; un corps vivant, livré au hasard, a bien plus de chances de mourir que de vivre. Il n'est donc pas étonnant que, placé par nous dans des conditions naturelles où il puisse vivre, c'est-à-dire croître et se multiplier, il trouve, réunies à des conditions favorables, d'autres circonstances nuisibles, sauf dans des cas tout à fait exceptionnels comme celui de la bactérie que je supposais tout à l'heure s'être multipliée sans variation.

Voilà trouvée, sans trop de peine, la cause qui fait, en général, de la loi d'assimilation, une loi approchée. Des réactions destructives, spéciales au corps vivant considéré, mais non caractéristiques de sa propriété d'être vivant, se superposent dans la nature aux réactions assimilatrices.

Si les réactions assimilatrices l'emportent sur les réactions destructives, il y a accroissement de l'être vivant; si elles se balancent exactement, l'être ne change pas sensiblement de dimensions; on dit alors qu'il est adulte; si, enfin, les réactions destructives l'emportent sur les réactions assimilatrices, l'être décroît et finit par disparaître.

On a l'habitude de dire qu'un être est vivant, tant qu'il se produit en lui des réactions assimilatrices, si peu que ce soit; mais ce que nous venons de dire prouve immédiatement que, bien souvent, l'observation de l'être ne permettra pas de constater directement un accroissement visible; l'accroissement n'est constatable que pendant la période de croissance de l'individu; il disparaît complètement pendant l'état adulte et il est même remplacé par une diminution pendant la période de décadence qui conduit à la mort.

Ainsi donc, pendant la période de croissance, l'assimilation est une loi approchée dont des réactions destructives diminuent la rigueur; pendant l'état adulte, les corrections à apporter à la loi sont aussi importantes que la loi elle-même; elles deviennent plus importantes pendant la période de décrépitude qui conduit à la mort. Essayer de trouver dans ce dernier cas un exemple de la loi d'assimilation, cela reviendrait à appliquer la loi de Mariotte à une vapeur saturante.

Il a été possible, dans certains cas, de séparer

expérimentalement les phénomènes d'assimilation et les phénomènes de destruction qui se superposent normalement dans la nature. Cela a été fait, par exemple, pour les bactéridies charbonneuses, et je signale le fait parce qu'il nous conduira à une notion importante.

1° A 35° centigrades, dans un bouillon convenable, la bactéridie charbonneuse se multiplie sans se modifier aucunement ; c'est un cas d'application rigoureuse de la loi d'assimilation.

2° Si l'on ajoute au bouillon une petite quantité d'acide phénique ou de permanganate de potasse, la bactéridie se multiplie encore, mais *plus lentement* et elle subit des changements dont une partie, que nous savons étudier, s'appelle atténuation de virulence ; c'est le cas de la loi approchée : un phénomène de destruction se superposant au phénomène d'assimilation.

3° Voici maintenant ce qui est intéressant : si l'on sème dans de l'eau pure, additionnée de cette même quantité d'acide phénique qu'on avait ajoutée au bouillon dans l'expérience précédente, une bactéridie charbonneuse, on a supprimé la réaction assimilatrice ; *il n'y a plus que destruction*, et cette destruction est totale au bout d'un certain temps ; mais si l'on arrête la destruction avant la mort de la bactéridie, on constate que la destruction partielle de la bactéridie lui a donné la même atténuation de virulence que dans l'expérience n° 2. On peut donc dire que l'on a artificiellement séparé, dans les expériences 1 et 3, les phénomènes d'assimilation et de destruction dont la superposition produisait le résultat obtenu dans l'expérience n° 2. C'est la méthode de Helmholz qui décompose un son complexe en plusieurs sons simples.

Donc, puisque, dans un cas particulier, nous avons pris sur le fait, par une expérience précise, la superposition des réactions assimilatrices et destructives, nous pouvons énoncer désormais, et avec plus d'assurance, notre loi approchée d'assimilation, même dans le cas où nous ne saurons pas expérimentalement séparer les réactions destructives qui accompagnent le phénomène constructeur.

Cette expérience de l'atténuation de virulence des bactéridies charbonneuses nous apprend encore autre chose.

Non seulement la présence d'acide phénique dans le bouillon de culture a ralenti la multiplication des bactéries, ce qui se comprend aisément puisque, au phénomène d'assimilation, se sont surajoutés des phénomènes de destruction, mais encore, les bactéries obtenues ont des propriétés différentes des premières, elles ont *varié,* et d'ailleurs, si on les transporte alors dans un bouillon frais, elles se multiplient avec cette variation acquise, qu'elles conservent désormais jusqu'à ce que se produise une nouvelle variation.

Indépendamment de ce fait merveilleux de la conservation des variations acquises, fait dont nous étudierons plus tard le grand intérêt, nous devons nous arrêter d'abord à constater que, pour un être vivant même aussi simple que la bactérie, la destruction partielle *entraîne une variation.* Cette constatation nous oblige à admettre que la bactérie n'est pas formée d'une substance unique et homogène, mais de plusieurs éléments susceptibles d'être atteints séparément par la destruction. Sans cela, en effet, il y aurait bien diminution de la quantité des bactéries produites dans la culture phéniquée, mais il n'y aurait pas de variation; le changement des qualités d'un corps sous l'influence d'une destruction partielle de sa substance prouve que les qualités de ce corps ne sont pas inhérentes à une substance unique, mais à un ensemble d'éléments susceptibles de se détruire séparément. La variation des qualités d'un corps vivant nous apparaît immédiatement comme devant résulter d'une variation des quantités respectives de ses éléments constitutifs. Notre deuxième méthode d'investigation nous permettra, dans la quatrième partie de ce livre, d'approfondir plus complètement cette notion.

CHAPITRE IX

Cette analyse a le résultat fécond de placer la vie parmi les autres phénomènes naturels.

Si l'analyse artificielle que nous venons de tenter par la méthode des lois approchées, se montre impuissante vis-à-vis de certains problèmes que nous résoudrons bientôt par une méthode plus rationnelle, elle a du moins l'avantage d'unifier le langage et de nous permettre de parler des faits biologiques dans la langue de la chimie. Nous nous sommes bornés d'ailleurs à constater des résultats sans essayer de comprendre comment ces résultats sont obtenus; et nous ne pouvions faire davantage, puisque nous ne nous sommes pas occupés, un seul instant, au cours de cette analyse, de l'état colloïde et de la structure morphologique des êtres vivants. Nous n'avons considéré que des *quantités* de substances vivantes et nous avons constaté seulement un résultat relatif à ces quantités; c'est-à-dire que nous sommes restés très loin du détail des faits.

C'est là, d'ailleurs, une remarque qui s'impose dans tous les ordres de sciences; plus un langage est général, moins il se prête à l'analyse complète d'un groupe spécialisé de phénomènes.

Nous avons appliqué aux phénomènes vitaux un langage qui se prête à la narration de tous les phénomènes chimiques; que ce langage nous ait suffi pour caractériser la vie, cela prouve que la particularité essentielle à la vie est d'ordre chimique, cela place la vie dans la chimie et c'est là déjà un résultat important; mais il est évident aussi que ce langage, par le fait même qu'il s'applique à mille phénomènes non vitaux, *n'est pas le langage le plus propre à la narration des phénomènes vitaux*. Pour les alcools aussi, nous pouvons tout raconter dans le langage général de la chimie; mais, si nous voulons faire une étude concise des alcools considérés seuls, nous employons le langage de la *fonction alcool*, qui s'applique aux alcools seuls; de même nous trouverons, dans la quatrième partie de cet ouvrage, un *langage de fonctions*, un langage vraiment biologique, qui nous permettra de réduire à quelques mots la narration générale de tous les phénomènes vitaux.

Cette loi approchée de l'assimilation nous a donné une première satisfaction en mettant la vie à sa place au milieu des autres phénomènes naturels, mais il faut bien avouer que, dans bien des cas, la définition qu'elle nous donne est bien platonique; elle nous permet de reconnaître la vie chez les êtres, *au moyen d'une observation de longue durée*, et encore seulement pendant la période de croissance. Pendant l'état adulte ou la période de décrépitude, le phénomène d'assimilation, quoique bien réel, nous n'en pouvons douter, est masqué par des phénomènes antagonistes.

Lorsque j'observe un chat qui, immobile et les yeux ardents, guette un moineau, je sais bien qu'il est vivant; je le reconnais à certains signes qui ne me trompent pas, et, cependant, je n'ai aucune manière de m'assurer qu'il se passe, à son intérieur, des phénomènes d'assimilation. C'est que ces phénomènes, dont la loi approchée d'assimilation me fait connaître seulement le résultat d'ensemble, s'accompagnent de manifestations auxquelles je reconnais la vie sans savoir les définir encore avec précision. Il est vrai aussi que je puis me tromper en faisant l'observation dont je viens de parler; un empailleur très habile peut me donner l'illusion de la vie en disposant convenablement un cadavre de chat et un cadavre de moineau. Il est possible que la science nous fournisse un jour un appareil qui permettra de distinguer, à la simple inspection, l'état *physique* caractéristique des substances en train de vivre; en attendant que ce *bioscope* soit réalisé, nous devons nous résigner à ne reconnaître la vie, d'une manière tout à fait certaine, qu'au moyen d'une observation de longue durée.

CHAPITRE X

Définition de la vie élémentaire dans le langage chimique.

Quelqu'imparfaits que soient les résultats obtenus par notre méthode artificielle d'analyse, ils nous permettent déjà une définition partielle de la *vie*. Évidemment, cette définition partielle ne comprendra rien qui se rapporte aux phénomènes colloïdaux ou morphologiques, puisqu'elle a été faite indépendamment de toute considération sur la forme ou la structure des corps vivants.

Et néanmoins, cette définition contiendra ce qui est essentiel, puisqu'on ne retrouvera jamais, en dehors des êtres vivants, aucun phénomène auquel elle soit entièrement applicable; elle remplira donc l'une des conditions auxquelles on reconnaît les bonnes définitions.

On peut appeler *vie élémentaire* cette propriété spéciale aux substances vivantes et que met en évidence une réaction spécifique, l'*assimilation*, dans des conditions convenables. Un corps est doué de *vie élémentaire* lorsque quelques-unes au moins de ses substances constitutives sont capables, en réagissant effectivement dans des conditions déterminées, d'être l'objet d'une augmentation quantitative en restant semblables à elles-mêmes; qu'elles sont capables, en d'autres termes, de s'*assimiler* des éléments étrangers, en prenant le mot assimiler dans son sens étymologique qui est : rendre semblable à soi-même.

Cette définition partielle se rapporte à la *vie élémentaire*, *propriété chimique*, qui, comme toutes les propriétés chimiques, peut se manifester ou ne pas se manifester suivant les cas.

Pour beaucoup d'espèces vivantes, nous ne connaissons pas le repos chimique de la substance vivante; cette substance vivante ne se manifeste à nous qu'en voie d'activité ininterrompue, activité assimilatrice ou destructrice suivant les conditions. Mais, chez beaucoup d'autres espèces, nous savons, au contraire, recueillir la substance vivante à l'état de repos chimique, comme on recueille, dans des bocaux de pharmacien, du sulfate de soude ou de l'antipyrine.

On donne le nom de *spores* à ces petits morceaux de substance vivante au repos chimique; les spores de bactéries ou de champignons sont susceptibles de rester fort longtemps au repos chimique, dans un endroit sec, sans perdre pour cela leur vie élémentaire, ou du moins en la perdant très lentement, par des réactions destructives très lentes; mais la même chose n'arrive-t-elle pas souvent à des substances chimiques ordinaires conservées dans des bocaux de pharmacien? Duclaux a pu faire germer, après trente ans, les spores contenues dans les poussières de l'air qu'avait filtré Pasteur, sur du coton sec, au moment de ses expériences sur la génération spontanée.

Chez les animaux supérieurs, nous ne rencontrons pas, en général, de substance vivante au repos chimique; nous voyons toujours les tissus en voie d'assimilation ou de destruction. Cependant les *rotifères*, petits vers déjà assez élevés en organisation, peuvent être desséchés et conserver longtemps ensuite, comme des spores, la propriété de recommencer à vivre quand on leur fournit de l'eau.

J'ai fait remarquer, dès le début de ce chapitre, que la définition de la *vie élémentaire*, propriété chimique tirée de la constatation de résultats chimiques quantitatifs, ne pouvait, en aucune manière, avoir un rapport direct avec les manifestations structurales dont il n'avait pas été tenu compte pour l'établissement de cette définition. Nous devinons bien, dès le début, que la vie élémentaire étant commune à tous les êtres vivants, il y aura vraisemblablement des relations entre l'existence de cette propriété chimique et celles des manifestations structurales qui seront également communes à tous les corps vivants. Mais cela ne découle pas de la définition ; ce sera un *théorème* qu'il faudra démontrer ensuite expérimentalement, le théorème *morpho-biologique*. Nous établirons ce théorème ultérieurement.

Au contraire, le fait que nous avons négligé, dans la recherche d'une définition chimique de la vie élémentaire, les phénomènes de structure colloïdale, nous fait penser que, peut-être, la loi approchée d'assimilation, loi purement chimique jusqu'à présent, sera plus approchée qu'elle ne le paraît quand nous aurons tenu compte des différences d'état colloïdal qui sont susceptibles de la masquer. Quand nous disions plus haut : de la substance de veau, de la substance de chèvre, nous employions des expressions évidemment imprécises, car il y a dans le veau, comme dans la chèvre, du foie, du poumon, du muscle, du nerf. Mais, supposons pour un instant, ce que l'avenir nous démontrera clairement, je l'espère, que le foie, le poumon, le muscle, le nerf, ne soient que des états colloïdes différents de substances chimiques identiques (et le fait de l'existence des *mêmes tissus* dans tous les mammifères, suffit à nous faire considérer cette hypothèse comme plausible), dans cette hypothèse, la loi d'assimilation deviendrait presque aussi évidente dans le développement d'un enfant que dans la multiplication d'une bactérie.

CHAPITRE XI

Les diverses conditions auxquelles peut se trouver un corps vivant au point de vue chimique.

Ayant accepté la définition précédente de la vie élémentaire, nous devons constater que, théoriquement au moins, les substances vivantes d'un être vivant peuvent se trouver à trois états, à trois conditions différentes :

Condition n° 1. — C'est l'ensemble de circonstances dans lequel la vie élémentaire des substances vivantes se manifesterait par une assimilation rigoureuse, sans aucune réaction destructive ni variation ; il est rare que nous sachions réaliser cette condition d'une manière parfaite, mais nous le savons dans quelques cas particuliers.

Condition n° 2. — C'est l'un des très nombreux cas où la substance vivante est le siège de réactions destructives ; si ces réactions destructives se produisent seules, ou bien si elles l'emportent sur les réactions assimilatrices, leur résultat fatal est la destruction complète, la mort de l'individu considéré. Ce sont d'ailleurs des réactions dans lesquelles les substances vivantes se comportent, non comme des substances vivantes, mais comme des substances mortes ou brutes qui se détruisent toujours en réagissant ; les phénomènes de la condition n° 2 sont donc des phénomènes de mort.

Condition n° 3. — C'est le cas du repos chimique, plus ou moins parfait, dans lequel, s'il y a quelques réactions, ce sont toujours, non des réactions assimilatrices, mais des réactions destructives plus ou moins lentes, accompagnées de variations également lentes.

En réalité, nous l'avons vu, la condition n° 1 est très rarement pleinement réalisée dans la nature ; elle est le plus souvent accompagnée de circonstances qui superposent des réactions destructives aux réactions assimilatrices, et qui causent ainsi des *variations*.

Pour parler rigoureusement, il faut donc dire que l'on ne rencontre pas souvent dans la nature, le phénomène de *vie élémentaire manifestée*, ou du moins manifestée *purement*. Dans un être qui vit, il y a en même temps des phénomènes de vie et des phénomènes de mort, et l'être ne reste vivant que tant que les phénomènes de mort ne l'emportent pas sur les phénomènes de vie. En d'autres termes, les phénomènes qui se passent dans un être vivant ne peuvent que très rarement être traduits avec précision par la formule :

$$a + Q = \lambda a + R.$$

Il faut, pour rendre un compte exact de ce qui a lieu, associer à cette première formule de la vie élémentaire manifestée une ou plusieurs formules de réactions destructives de la forme :

$$a + B = C + D.$$

Ce n'est là, sans doute, qu'une décomposition factice, mais elle est commode pour analyser les faits complexes de la vie ; nous verrons d'ailleurs ultérieurement que, chez les êtres supérieurs dans la vie desquels on observe des périodes séparées de fonctionnement et de repos, il y a, non pas toujours superposition, mais alternance des conditions n° 1 et des conditions n° 2. Et même, ce qui est contraire à une idée extrêmement répandue, c'est aux périodes de fonctionnement que correspond la condition n° 1, tandis que la plupart des physiologistes admettent avec Claude Bernard l'*usure* des substances vivantes par le fonctionnement, la destruction fonctionnelle. Cette erreur sera mise en évidence dans la prochaine partie de ce volume, par l'emploi de la méthode rationnelle de décomposition en fonctions ; elle résulte principalement de l'existence, au sein des substances vivantes réellement actives dans le phénomène biologique, d'autres substances non vivantes qu'on appelle *substances de réserve*.

Réserves. — Dans l'équation de la vie élémentaire manifestée, nous avons bien spécifié que nous représentons par le terme *a*, uniquement les substances réellement actives, qui interviennent *effectivement* dans la réaction considérée. Il ne suffit pas, en effet, qu'une substance *augmente* par le fait de la vie d'un être pour qu'elle soit vivante. Par exemple, les substances du terme R de l'équation, que l'on appelle substances accessoires à l'assimilation ou substances excrémentitielles, s'accroissent au fur et à mesure que se poursuivent les réactions vitales *auxquelles elles ne prennent pas part*, et que leur accumulation peut même empêcher, comme cela a lieu pour l'alcool, substance excrémentitielle de la levure de bière.

Il n'y a donc pas à pouvoir augmenter sous l'influence de la vie, que les produits de la condition n° 1. Supposons une *même* condition n° 2 réalisée constamment pendant un certain temps, mais non suffisamment importante pour arrêter tout à fait le développement de l'être vivant considéré, les produits de cette condition n° 2 particulière, s'ils ne sont pas solubles et diffusibles, s'accumuleront au sein des protoplasmas. Ce sont les *substances de réserve*, amidon, graisses, etc.

Ces substances, non vivantes, sont tellement incorporées au protoplasma que leur usure a pu faire croire que le protoplasma s'usait; or ces substances de réserve peuvent ordinairement être employées comme substances Q, comme substances alimentaires, dans la vie élémentaire manifestée des éléments vivants.

Un muscle qui, travaillant, consomme sa graisse, *maigrit*, mais se développe, en tant que substance musculaire.

L'embryon contenu dans le grain de blé, consomme en germant la réserve d'amidon résultant d'une destruction des tissus vivants de l'albumen, et s'en sert pour fabriquer le protoplasma vivant du jeune plant de blé. Ainsi, les réactions destructives de la condition n° 2, si elles ralentissent le développement protoplasmique, ne sont pas cependant perdues pour l'individu ; leur résultat servira d'aliment direct à des assimilations futures.

L'action chlorophyllienne, que l'on appelle souvent à tort *assimilation*, est un phénomène de la condition *n° 2* qui se produit chez les plantes vertes en présence de la lumière. Une pomme de terre pousse bien plus vite dans une cave qu'au soleil ; mais au soleil ses tissus se chargent de réserves qu'elle utilisera plus tard.

QUATRIÈME PARTIE

DEUXIÈME MÉTHODE D'ANALYSE
DÉCOMPOSITION EN FONCTIONS
LA LOI RIGOUREUSE D'ASSIMILATION FONCTIONNELLE

CHAPITRE XII

Fonctions factices et fonctions logiquement définies.

De même qu'il est possible de décomposer d'une infinité de manières, en vue de sa description anatomique complète, le corps d'un être vivant, de même il n'y a, non plus, aucune raison pour limiter le nombre des modes d'analyse de l'activité vitale de cet être.

Un être vivant n'est pas comme une machine industrielle qui, fabriquée dans le but d'accomplir une certaine besogne ne saurait en exécuter une autre. Une locomotive ne peut accomplir que la fonction de locomotive ; au contraire un chien, un canard, un serpent, sont capables de manifester de mille et mille façons différentes, *suivant les circonstances*, leur activité spécifique de chien, de canard, de serpent. Or, les circonstances varient tellement autour d'un animal donné, l'animal lui-même change si vite, qu'on peut affirmer sans exagération que cet animal *ne fait jamais deux fois la même chose au cours de son existence.*

Cependant, les physiologistes, comparant l'animal à une machine industrielle, ont l'habitude de décrire son activité en la décomposant en un certain nombre de *fonctions* plus simples au point de vue descriptif que l'activité totale de l'individu. De même, dans une locomotive, on décrit le va-et-vient du piston sous l'influence de la pression de la vapeur, la transformation du mouvement de va-et-vient en mouvement de rotation par le jeu des bielles et des manivelles, etc., et il semble difficile que deux ingénieurs, ayant à décrire le fonctionnement d'une locomotive, la décomposent de deux manières différentes; la locomotive est d'ailleurs un instrument conçu par l'homme et exécuté par lui en vue d'une certaine fonction.

Au contraire, quand il s'agit de décomposer l'activité totale d'un être vivant en des fonctions partielles plus simples, il pourrait y avoir, semble-t-il, un grand nombre de méthodes différentes; il y en a en effet, mais la plupart des physiologistes sont d'accord pour employer la même et créer ainsi un langage analytique adopté de tous.

C'est que, chez un animal comme l'homme, il y a un certain nombre d'éléments d'action que l'on retrouve comparables à eux-mêmes, dans la perpétration d'un grand nombre d'actes différents; on pourrait dire que ce sont des rouages analogues à ceux d'une machine industrielle. Tels sont, par exemple, les segments osseux rigides, les articulations, les muscles, les tendons, les veines, les artères, les nerfs, etc. Toutes les fois que le corps de l'homme exécute un mouvement, on peut décomposer ce mouvement en plusieurs parties correspondant à chacun des éléments d'action précédemment signalés ; alors, c'est l'anatomie qui guide la description physiologique du phénomène observé.

Pour l'analyse d'un acte locomoteur, cette décomposition est non seulement utile, mais indispensable ; elle a cependant de nombreux inconvénients, en ce sens qu'elle amène l'analyste à considérer comme indépendants les uns des autres, sauf les relations de mécanisme, les divers segments de l'appareil étudié, comme sont indépendantes les unes des autres, sauf les relations de mécanisme, les bielles, les manivelles, les roues de la locomotive, dont chacune *existe* par elle-même. Or les os, les muscles, les nerfs, sont des éléments vivants d'un même organisme, et participent à des conditions communes d'existence. Quand un muscle se contracte, il rapproche deux segments osseux fixés à ses deux extrémités, mais sa contraction agit en même temps, outre ce phénomène macroscopique évident, sur l'ensemble des conditions d'équilibre *réalisées dans tout l'individu.* En d'autres termes, il n'y a pas dans un être vivant comme l'homme, un seul phénomène, local en apparence, qui n'ait un retentissement général sur tout l'organisme. Quand je ferme le poing, sans exécuter d'autre mouvement, je n'ai pas le droit de croire qu'il ne s'est rien passé dans le reste de mon individu, en relation avec ce mouvement local. Et par conséquent, si je décompose une activité macroscopique d'ensemble en un certain nombre d'activités macroscopiques locales, je suis *sûr* que mon analyse est incomplète, parce que j'aurai négligé le retentissement, sur l'organisme, de chaque activité partielle ; je suis sûr que la somme de toutes les activités partielles considérées ne représente pas rigoureusement le phénomène total que j'ai voulu analyser. Mon analyse est donc mauvaise, tandis que, pour une locomotive, une analyse analogue eût été satisfaisante.

Néanmoins cette analyse descriptive des activités humaines est indispensable à cause de la complexité immense de ces activités ; mais il faudra se garder de lui attribuer une valeur absolue. Il est impossible de décrire complètement la flexion de l'avant-bras, sans tenir compte de l'état actuel de tout l'organisme, sur lequel cette flexion retentit, et qui retentit en revanche sur les conditions de ce phénomène local.

On a l'habitude, dans les traités de physiologie, d'étudier séparément la digestion, la respiration, la circulation, la sécrétion, etc., quoiqu'il soit bien certain qu'aucune de ces *fonctions* ne s'accomplit sans emprunter le secours des autres et sans les influencer. C'est là un moyen d'analyse factice, mais qui rend néanmoins de grands services pour son objet spécial ; nous avons vu, dans la partie précédente de cet ouvrage, ce qu'on peut tirer, comme loi approchée, de l'application de cette méthode artificielle ; nous nous proposons, pour le moment, de rechercher si une méthode naturelle de décomposition en fonctions, ne nous donnera pas un résultat plus rigoureux au point de vue biologique.

L'idée d'obtenir un résultat vraiment biologique, vraiment général et s'appliquant à tous les êtres vivants sans exception, peut nous guider dans cette recherche ; il est certain, en effet, que si, dans la description d'un phénomène, nous faisons intervenir la flexion de l'avant-bras, nous ne trouverons rien d'équivalent chez un ver de terre ou un oursin qui n'ont pas d'avant-bras articulé. C'est précisément ce but qu'ont poursuivi les physiologistes en examinant les grandes fonctions : respiration, circulation, digestion, etc., qui peuvent se retrouver chez tous les êtres vivants sans exception.

Nous avons vu que cette méthode est artificielle, et, si elle est susceptible de généralisation, cela prouve simplement que l'on peut appliquer une même méthode artificielle à l'étude de la physiologie de tous les êtres vivants. Nous ne devons pas séparer les uns des autres les divers phénomènes qui se passent *au même moment* dans un animal donné ; il faut donc nous résigner à les étudier *tous à la fois*, ce qui exigera un langage synthétique spécial.

Un chien, un canard, un serpent, disais-je tout à l'heure, sont capables de manifester de mille et mille façons différentes, *suivant les circonstances*, leur activité spécifique de chien, de canard, de serpent ; leur activité reste néanmoins spécifique, c'est-à-dire qu'elle se poursuit d'après la structure propre de leur organisme, et que, dans les mêmes circonstances, un chien agit comme chien, un canard agit comme canard. Il serait commode, au moins pour commencer, de créer des verbes correspondant à ces diverses activités spécifiques ; on dirait par exemple qu'un chien *chienne*, qu'un canard *canarde*, etc., et le problème serait de savoir qu'elles sont les diverses manières de *chienner*, de *canarder*, relativement à telle ou telle circonstance.

On peut substituer à ces verbes bizarres le verbe *fonctionner*, à condition qu'il soit bien entendu que ce mot comprendra *toute* l'activité spécifique de l'être considéré dans les circonstances considérées. Cette manière de parler donnerait au mot *fonction* une signification tout autre que celle des physiologistes ; il ne s'agirait plus d'une décomposition factice de l'activité totale d'un individu en plusieurs parties *simultanées* que l'on n'a pas le droit de séparer les unes des autres, mais d'une succession d'activités *totales* dont chacune résulte de deux facteurs : l'état de l'animal étudié et l'ensemble des conditions ambiantes, au moment considéré.

Chaque *fonction* ainsi définie, sera unique au

monde et différera de toutes les autres; il y a en effet trop d'éléments dans chaque animal, et trop aussi dans les circonstances qui déterminent ses actes, pour qu'un être d'une espèce se trouve jamais deux fois de suite identique à lui-même dans des circonstances identiques. Il serait donc illusoire de chercher quelque chose de commun à l'ensemble des fonctions *chien* définies de cette manière; elles varieront à l'infini. Il serait encore plus impossible de trouver quelque chose de commun aux fonctions *chien*, aux fonctions *lézard* et aux fonctions *poirier*. Ce n'est pas dans la nature même de ces fonctions que l'on peut trouver une loi générale, mais il est possible d'en découvrir une dans l'*enchaînement des fonctions successives* d'un même individu, dans les conséquences, pour un individu donné, de l'accomplissement d'une fonction donnée.

Ici encore, n'ayant pas à notre disposition le *bioscope* imaginaire qui permettrait de reconnaître, à la simple inspection, l'état physique particulier aux substances vivantes, nous devons nous rabattre sur l'observation de phénomènes ayant une certaine durée. Nous n'étudions pas comment l'être *vit*, cela est au-dessus de nos moyens d'investigation actuels, mais nous recherchons comment l'être vivant *continue de vivre*, et c'est dans cette recherche que nous espérons trouver une loi générale caractéristique de la vie.

ORGANE ET FONCTION. — Si l'on accepte notre définition de la fonction, il en résulte une définition correspondante de l'*organe*. Quelqu'abus que l'on ait fait du mot organe dans le langage courant, quoique certains auteurs n'aient pas craint d'employer le mot organe pour représenter une partie anatomiquement décrite dans le corps animal, et de dire, par exemple, que la main est un organe, il est évident que la définition de l'organe ne peut être que physiologique; la seule définition possible du mot *organe* est celle-ci : L'organe est l'ensemble des parties de l'individu qui collaborent à l'exécution d'une fonction. Ceux qui croient à l'existence des fonctions partielles, de phénomènes locaux n'ayant pas de retentissement sur l'ensemble de l'individu, peuvent croire aussi à l'existence d'organes partiels, ne comprenant qu'une partie des tissus de l'animal. Mais si l'on va au fond des choses, on constate la corrélation qui unit entre elles à chaque instant, toutes les régions du corps vivant; l'on doit dire qu'un organe quelconque comprend tout l'organisme, et que le rôle de telle ou telle partie de l'individu est seulement plus important dans la constitution de l'organe considéré.

Si l'on accepte d'ailleurs notre définition des fonctions considérées comme étant les activités totales successives d'un même être vivant, on doit définir les organes : les états successifs de l'organisme correspondant à chaque fonction. Et ainsi, *la vie est une succession de fonctions; l'être vivant est une succession d'organes.*

Appelons A_1, A_2, A_3, etc., les états successifs d'un individu, ses organes successifs pour nous conformer à notre définition, et B_1, B_2, B_3, etc., les *ensembles* successifs de circonstances ambiantes qui interviennent dans la détermination des activités de l'individu considéré; nous devons considérer qu'une activité quelconque de notre individu, une *fonction* quelconque de notre individu, est le résultat de deux facteurs : son état A au moment considéré, et l'ensemble B des circonstances correspondantes.

En d'autres termes, un moment quelconque de la vie de l'individu peut se représenter par la formule symbolique :

$$A \times B.$$

La vie tout entière sera une succession de fonctions dont chacune correspond à une formule

$$A_1 \times B_1,$$
$$A_2 \times B_2,$$

etc.

Mais A_2 est l'état structural de l'organisme après qu'il a accompli la fonction $(A_1 \times B_1)$. Le corps passe de l'état A_1 à l'état A_2 sous l'influence des conditions extérieures B_1 qui l'ont déterminé à exécuter la fonction $(A_1 \times B_1)$.

Le problème biologique général revient donc à ceci : que doit être devenu A_2 par rapport à A_1 sous l'influence des circonstances B_1 qui ont déterminé la fonction $(A_1 \times B_1)$.

Nous pouvons prévoir déjà quel sera le résultat de notre investigation, puisqu'il existe, depuis Lamarck, un aphorisme le résumant. Nous avons en effet été amenés, par les nécessités du langage, à définir l'organe par la fonction ; ceci aurait pu se faire de même pour un mécanisme non vivant; la formule : « la fonction définit l'organe » est donc une formule générale *a priori* qui n'a rien à voir avec la biologie. Mais, à cette définition, Lamarck a ajouté une *constatation*, l'expression d'un fait d'observation et d'expérience, en disant :

La fonction crée l'organe.

Nous devinons déjà que, sous cette formule très générale, va se trouver la loi que nous cherchons, et qui établira une relation entre les états successifs A_2 et A_1, de l'organisme, étant donné que les circonstances B_1 auront déterminé, dans l'individu, la fonction $(A_1 \times B_1)$. Pour étudier de près cette loi fondamentale, nous devrons nous attacher à l'observation des cas dans lesquels, *toutes choses égales d'ailleurs*, nous saurons faire varier, dans l'ensemble B des circonstances extérieures à l'individu, un facteur ou un groupe de facteurs facile à déterminer et même à mesurer; ce sera alors à la variation de ce facteur ou de ce groupe de facteurs que nous devrons attribuer la modification observée dans l'organisme étudié.

Avant d'entreprendre cette étude essentielle, mettons en évidence un résultat important de nos précédentes déductions.

CHAPITRE XIII

La vie est le résultat d'une lutte de deux facteurs.

Une fonction, c'est-à-dire, dans le langage que nous avons adopté, l'activité d'un organisme à un moment donné, peut se représenter par la formule symbolique :

$$A \times B.$$

La *vie* d'un individu étant la succession de fonctions ainsi définies, on doit dire que, à chaque instant, cette vie dépend de deux facteurs dont l'un est l'ensemble des circonstances ambiantes, l'autre l'état structural actuel de l'individu. En d'autres termes, *aucun être ne porte sa vie en soi*; il transporte avec lui, dans tous les endroits où le conduisent les circonstances, un des facteurs de sa vie, le facteur A; il rencontre à chaque instant, dans tous ces endroits, le facteur complémentaire B, qui détermine chez lui à chaque instant l'activité correspondante ($A \times B$); et son état ultérieur dépend naturellement de son état précédent et des phénomènes dont il a été le siège depuis, c'est-à-dire que son état A_2 dépend de A_1 et de ($A_1 \times B_1$).

Ainsi donc B intervient à chaque instant pour modifier A; c'est la série des facteurs B qui détermine l'évolution A_1, A_2, A_3, etc. Mais si A est modifié sous l'influence de B, B est aussi modifié sous l'influence de A, qui lui consomme par exemple son oxygène, qui absorbe ses radiations, etc. Seulement, comme B n'est pas un être vivant, son évolution B_1, B_2, etc., ne nous intéresse pas ; et d'ailleurs A n'y intervient que pour une faible part.

Quoi qu'il en soit, ces deux facteurs A et B intervenant à chaque instant pour se modifier réciproquement, le phénomène qui les met aux prises, la vie de A, en un mot, doit être considérée comme *la lutte de ces deux facteurs*.

Ce sera là une expression commode[1] pour raconter les expériences dans lesquelles nous ferons varier, à notre gré, une partie mesurable de l'ensemble que nous appelons B. Nous dirons que nous avons introduit un nouvel ennemi ou que nous avons supprimé un ennemi préexistant dans la lutte que soutient A contre les circonstances extérieures.

Et, tant que A restera vivant, nous déclarerons qu'il a triomphé dans la lutte, tout en subissant des modifications que nous avons précisément à déterminer, et dont l'étude nous fournira la grande loi biologique.

Il pourra sembler bizarre que nous donnions le même nom d'ennemi aux substances qui, comme l'oxygène, comme les aliments, sont indispensables à la conservation de la vie d'un individu, et à celles qui, comme les poisons, les toxines, les

1. Cette expression est déjà employée dans certains cas ; on dit, par exemple, que telle condition de l'ambiance *provoque* telle réaction d'un organisme déterminé.

venins, ont pour résultat ordinaire de provoquer sa mort. Mais ce sera précisément le côté intéressant de notre recherche que de constater la généralité des résultats obtenus, et de pouvoir réunir dans une même formule les conclusions relatives à la lutte contre les aliments ou contre les poisons, pourvu que l'individu observé reste vivant. Et cela nous permettra d'étendre la loi que nous aurons découverte à toutes les variations du facteur B, même quand ces variations seront trop complexes pour être accessibles à l'expérience.

CHAPITRE XIV

Applications générales de la méthode naturelle d'analyse.

La formule établie au chapitre précédent, savoir, que la vie est le résultat d'une lutte de deux facteurs, nous enseigne immédiatement la voie dans laquelle nous devons trouver la méthode naturelle d'investigation.

Nous avons été, en effet, amenés précédemment à dire (p. 37) : « Quand nous devons étudier un objet par rapport à un autre objet avec lequel il est en relation, notre méthode d'analyse du premier objet devra être telle qu'elle mette en évidence précisément les éléments de ce premier objet qui sont en relation avec le second. »

Dans le cas actuel, quoique la vie résulte de la lutte de deux facteurs, que nous avons appelés A et B, nous sommes obligés de ne la suivre que dans l'un d'eux, dans le corps de l'individu vivant. Ce sont donc les modifications de A que nous devons étudier à chaque instant, mais nous ne devons pas les étudier au hasard; nous devons les étudier en mettant en évidence le rapport de chaque modification de A à la modification correspondante de B qui l'a causée. Autrement dit, lorsque, dans les conditions extérieures B, nous faisons varier expérimentalement un élément particulier, c'est par rapport à cet élément particulier que nous devrons étudier la modification obtenue chez A; c'est ainsi que nous obtiendrons des lois simples.

Exemple : voici un mouton bien portant, qui vit dans de bonnes conditions hygiéniques; j'introduis dans ses conditions de vie une nouvelle condition sans rien changer aux précédentes; je lui inocule des bactéridies charbonneuses, et je constate une lutte du mouton contre ces bactéridies. Je suppose que le mouton guérisse; aucun physiologiste, si habile qu'il soit, s'il n'a pas à sa disposition une culture de bactéridies charbonneuses, ne saura découvrir en quoi le mouton guéri diffère du mouton d'avant la maladie; l'analyse directe, par les procédés chimiques ou physiologiques, des modifications survenues dans le mouton est impossible dans l'état actuel de la science; un observateur aussi consciencieux que possible, mais réduit à ces procédés d'investigation, devra affirmer que le mouton n'a pas changé. Et cependant il a subi une transformation profonde, mais, *par rapport à la bactéridie charbonneuse.* Il est devenu *réfractaire* à la maladie appelée charbon; une nouvelle inoculation de cette maladie ne le rendra pas malade, on dit qu'il a acquis l'*immunité* par rapport à la bactéridie charbonneuse.

Cet exemple nous permet d'exposer clairement la méthode que nous sommes amenés à employer. Si, dans les conditions extérieures B de la vie d'un individu A, nous introduisons un facteur *b*, c'est ce facteur *b* lui-même qui devra nous servir ensuite de *réactif* pour étudier la variation que son influence propre a déterminée chez A. Ainsi, nous obtiendrons une loi simple par une méthode naturelle; tandis que si, sans le secours de *b*, nous voulions analyser les variations de A, nous nous heurterions à des difficultés telles qu'elles équivaudraient à une impossibilité.

Cette méthode d'analyse naturelle des faits, sans avoir été proposée encore, je crois, comme méthode générale d'investigation, a été du moins appliquée déjà et d'une manière féconde, dans le champ des sciences physico-chimiques; elle a conduit en particulier à la loi de Lenz :

« Le *déplacement* d'un courant électrique dans le voisinage d'un circuit fermé y développe un courant induit qui tend à s'opposer à ce *déplacement*; »

Et à la loi, plus générale, de Le Chatelier, loi que l'on trouve exposée autrement dans les admirables travaux de Willard Gibbs :

« La modification produite dans un système de corps à l'état d'équilibre, par la *variation* d'un des facteurs de l'équilibre, est de nature telle qu'elle tende à s'opposer à la *variation* qui la détermine. »

Voilà deux lois très générales et d'une extrême simplicité; elles doivent leur simplicité à ce qu'elle ont été établies suivant la méthode naturelle que j'ai proposée précédemment, et que nous allons appliquer maintenant dans le domaine de la biologie; mais nous ne ferons pas, en agissant ainsi, quelque chose de nouveau; il y a longtemps que la sagesse des nations a, sans l'avoir explicitement annoncé, employé cette méthode féconde, ainsi que le prouve le proverbe : « Fit fabricando faber. » « En forgeant on devient forgeron; » c'est-à-dire : « En exécutant souvent un acte, on devient plus apte à l'exécuter de nouveau. » La modification introduite dans un organisme par la répétition d'une *opération* donnée, ne serait pas analysable chimiquement; elle est toute simple si l'on prend cette *opération* même pour réactif de la modification réalisée; on y est devenu plus apte, on s'y est *habitué; vivre, c'est s'habituer*. Voilà ce que nous apprend la sagesse des nations, et c'est dans ce trésor inépuisable que Lamarck a pris sa loi d'*habitude* : « La fonction crée l'organe. »

CHAPITRE XV

Analyse au moyen de réactifs de même dimension que la vie.

Au lieu de nous attaquer immédiatement au problème le plus général qui consisterait dans l'étude des conséquences pour l'être vivant d'une variation *quelconque* introduite dans les conditions de sa vie, bornons-nous d'abord au cas plus particulier où la variation introduite se présente sous la forme d'un corps défini, transportant avec lui ses propriétés, comme le font les réactifs de la chimie.

Nous mettrons donc en présence d'un animal un réactif donné et, toutes les autres conditions étant restées les mêmes, nous pourrons attribuer au réactif employé, et à ce réactif seul, les modifications observées.

S'il s'agit d'un être vivant très peu élevé en organisation, d'un être unicellulaire par exemple, nous nous contenterons d'ajouter le réactif considéré au liquide dans lequel vit cet être; nous avons déjà signalé une expérience de cette nature; elle consistait à ajouter une petite quantité d'acide phénique au bouillon dans lequel on cultivait des bactéridies charbonneuses; mais nous avons apprécié le résultat obtenu au moyen de notre méthode artificielle d'analyse, et nous avons constaté une variation par rapport à un réactif *autre* que l'acide phénique, variation que nous avons appelée *atténuation de virulence*. Aussi ce résultat ne s'est-il pas généralisé; il n'a été que l'expression d'un fait particulier.

S'il s'agit d'un être vivant élevé en organisation, comme l'homme ou un mammifère, nous introduirons notre réactif dans la portion du milieu qui est le plus immédiatement en contact avec les substances vivantes de l'animal considéré; c'est ce qu'on appelle le *milieu intérieur* de l'individu. Nous verrons, en effet, que, chez les êtres supérieurs, l'individu peut être considéré comme un sac clos, traversé par le tube digestif, à la manière d'un manchon de dame. Ce sac clos contient un colloïde dans lequel baignent tous les éléments vivants ou cellules; c'est ce colloïde non vivant qu'on appelle *milieu intérieur*.

Dans les relations entre l'être vivant et l'ambiance, il y a toujours deux étapes : 1° un échange entre le milieu ambiant et le milieu intérieur; 2° un échange entre le milieu intérieur et les éléments vivants. C'est pour éviter la première étape, qui est elle-même un phénomène biologique, et ne pas être gêné par la superposition de deux phénomènes différents, que l'on emploie la méthode des injections sous-cutanées; on introduit, directement, par effraction de la paroi du sac clos, le réactif à étudier dans le milieu intérieur de l'individu. On attend ensuite l'effet de ce réactif. Il n'est intéressant pour nous que si l'individu *survit* à l'opération; c'est le passage de l'état vivant A_1 à l'état également vivant A_2 qui nous intéresse particulièrement; quand l'individu meurt, son étude sort du domaine de la biologie.

Ce que nous avons dit, dans la première partie de cet ouvrage, relativement à l'*échelle* des phénomènes, nous fait penser qu'il sera particulièrement intéressant d'employer, dans nos études, des réactifs *de même dimension que la vie.* Mais quelle est la dimension de la vie? Nous savons que les phénomènes vitaux sont tout à la fois colloïdes et chimiques; il y aura donc lieu d'employer, dans nos expériences, des réactifs colloïdes et des réactifs purement chimiques; nous serons encore plus sûrs d'employer des réactifs qui sont vraiment de la même dimension que la vie, en nous servant de réactifs vivants.

Le nombre des expériences faites depuis une vingtaine d'années dans cette voie de l'injection hypodermique, à des animaux vivants, de réactifs bien déterminés, est colossal; on peut affirmer que, dans aucune branche de la science une activité comparable n'est à signaler. Aussi les résultats sont-ils extrêmement féconds; même au point de vue pratique, on peut déjà annoncer que ce genre de recherches nous a fourni la *vaccination* et la *sérothérapie*, et que la médecine scientifique est née.

Les expériences doivent porter, avons-nous dit, sur des substances chimiques, sur des substances colloïdes et sur des substances vivantes. Les résultats obtenus au moyen des deux derniers groupes de substances sont infiniment plus importants; ceux qui proviennent de l'injection de substances chimiques en solution vraie, non colloïde, comme les injections d'alcaloïdes ou de sels chimiquement définis sont beaucoup moins intéressants, et ne font que vérifier, sans lui ajouter rien de nouveau, la loi d'*habitude*. Cela semblerait prouver que, si la vie est à la fois colloïde et chimique, elle est, si j'ose m'exprimer ainsi, *plus abordable expérimentalement par le côté colloïde*. C'est donc aux expériences relatives à l'injection de corps colloïdes vivants ou morts que nous allons nous reporter principalement pour établir les lois simples que nous cherchons.

CHAPITRE XVI

Les fonctions protoplasmiques ou fonctions de mécanisme colloïde.

En agissant ainsi, par voie d'injection dans le milieu intérieur, nous restreignons évidemment notre étude aux fonctions qui s'accomplissent dans l'intimité des tissus, aux fonctions protoplasmiques. Ce n'est pas en remuant ses bras et ses jambes que l'homme ou l'animal peut lutter contre un venin introduit dans son sang; nous aurons à voir ensuite si les lois découvertes pour ces fonctions protoplasmiques s'appliquent également aux fonctions macroscopiques comme celles qui empruntent le secours de l'appareil locomoteur; mais nous commençons par l'étude des premiers, parce qu'elle est beaucoup plus facile et donne immédiatement des résultats généraux.

Quelle que soit la substance colloïde injectée, vivante ou morte, du moment que l'animal a résisté à cette injection sans mourir, *il paraît n'avoir pas changé*, tant qu'on n'emploie pas, comme réactif de vérification, précisément le colloïde sur lequel a porté l'expérience. Et, par conséquent, si l'on néglige l'emploi de ce réactif, on peut croire à la rigueur de la loi d'assimilation établie dans la troisième partie de ce livre; on doit même penser que l'animal, restant vivant, a purement et simplement assimilé, transformé en sa propre substance, le colloïde qui lui a été injecté et qui lui a servi d'aliment. Il faut donc que les variations, s'il s'en est produit, soient peu importantes, et en effet, à un certain point de vue, la loi d'assimilation peut paraître suffisamment rigoureuse.

Il n'en est plus de même si l'on emploie comme réactif le colloïde injecté; on constate toujours alors que l'animal a subi une modification en rapport avec la nature même de ce colloïde, une modification tellement *spécifique* par rapport à ce colloïde qu'elle est ordinairement insensible vis-à-vis de tout colloïde différent.

Quelques exemples sont nécessaires à l'établissement de cette loi générale qui semble, au premier abord devoir écarter comme définitivement condamnée, la loi pure et simple d'assimilation.

Charbon des moutons. — Un premier exemple, que nous avons déjà signalé plus haut, est emprunté à l'histoire du mouton qui guérit du charbon. Ce mouton, auquel on a inoculé des bactéridies charbonneuses a été *malade* (c'est la période de lutte contre le microbe que l'on appelle maladie), mais enfin, au bout de quelques jours, toutes les bactéridies inoculées ont disparu de son milieu intérieur; or elles n'ont pas été éliminées par les reins ou les autres organes d'excrétion; on s'en est assuré avec soin dans les laboratoires. Donc elles ont été tuées et assimilées par le mouton pour lequel elles ont été un aliment; un aliment peu agréable, dangereux même il faut l'avouer, mais enfin, un aliment tout de même, puisqu'elles ont été transformées en substance de mouton.

Après la guérison, et malgré les apparences, le mouton n'est pas redevenu ce qu'il était auparavant; *il est devenu réfractaire au charbon*, c'est-à-dire que, si on lui fait, au bout de peu de temps, une nouvelle inoculation des bactéridies charbonneuses, il n'est plus malade et assimile ces bactéridies sans en être incommodé. Et c'est seulement par rapport aux bactéridies charbonneuses qu'il a acquis cette *immunité*; il est resté sensible à une autre maladie, prise au hasard, de l'espèce mouton. On peut résumer le fait en disant que le mouton s'est *habitué* à assimiler des bactéridies charbonneuses; cette *habitude* spéciale est l'expression de la modification déterminée chez le mouton par une injection de bactéridies charbonneuses à laquelle il a résisté.

Le plus souvent, si l'on prend un mouton au hasard, et des bactéridies charbonneuses tirées du cadavre d'un mouton mort du charbon, les bactéridies inoculées au mouton, le tuent au bout de peu de jours, et l'on constate alors que les bactéridies se sont multipliées à l'infini dans le milieu intérieur du mouton. Dans ce cas ce sont les bactéridies qui, s'étant développées aux dépens de la substance du mouton, ont *assimilé* le mouton.

Ont-elles assimilé *rigoureusement* la substance du mouton? Sont-elles restées identiques à ce qu'elles étaient au début ? Le plus souvent, on constate qu'elles se sont modifiées et que leur modification est relative au mouton. On dit qu'elles ont *augmenté de virulence par rapport au mouton*; ce qui veut dire qu'elles sont devenues plus aptes à prospérer dans un nouveau mouton et à le tuer. Le seul cas où elles ne se modifient pas est celui où les bactéridies inoculées avaient déjà le maximum de virulence pour le mouton.

De même, dans le cas où c'était le mouton qui l'emportait dans la lutte, il pouvait ne pas se modifier s'il avait déjà le maximum d'immunité pour le charbon. Il y a une limite aux habitudes acquises et quand on a atteint cette limite, on ne s'habitue plus[1].

Dans les deux cas, que ce soit le mouton qui ait résisté ou la bactéridie qui l'ait emporté, nous nous intéressons seulement à celui des

1. Et alors, ainsi que nous le verrons, la loi d'assimilation pure et simple devient applicable.

deux partis qui a gagné la bataille; c'est seulement pour l'être qui continue de vivre que nous pouvons établir la loi générale d'*habitude.*

L'histoire de la lutte entre le charbon et le mouton est intéressante parce qu'elle se présente à nous d'une manière *symétrique,* chacun des deux antagonistes ayant, si l'on ignore leur provenance, des chances inconnues de remporter la victoire; on peut rendre le langage plus symétrique encore en employant pour le mouton par rapport au charbon, la même expression que pour le charbon par rapport au mouton; nous dirons alors que le mouton réfractaire est virulent par rapport au charbon, ou que le charbon virulent est réfractaire par rapport au mouton; c'est tout un.

Dans cette lutte symétrique, le côté bactéridie charbonneuse nous intéresse plus immédiatement, d'abord parce que la bactéridie n'a pas la complexité histologique du mouton, et que, par conséquent, nos conclusions à son sujet se présenteront sous une forme plus simple; ensuite parce que, étant *dans* le mouton, le mouton réalise bien pour elle *toutes* les conditions extérieures d'existence; nous disions tout à l'heure que la vie d'un être A pouvait être représentée symboliquement par le produit de deux facteurs $(A \times B)$. Ici, pour la bactéridie charbonneuse, B c'est le mouton.

Au contraire, quand nous étudions le mouton, nous voyons que le charbon qu'on lui inocule est bien *un* des facteurs du milieu qui jouent un rôle important dans la vie du mouton A; mais ce n'est qu'un des facteurs ; le facteur B contient encore l'air atmosphérique, l'herbe des prairies, le loup carnassier, etc. Quoiqu'atteint du charbon, le mouton peut être asphyxié par manque d'oxygène ou être dévoré par un loup. La vie du mouton A n'est donc pas tout entière déterminée par le fait de la présence de la bactéridie à son intérieur, tandis que la bactéridie trouve, dans le mouton qui la contient, tous les éléments du facteur B qui détermine à chaque instant son fonctionnement particulier.

Pour la bactéridie donc, la fonction, au sens que nous avons défini précédemment, se traduit symboliquement par la formule :

(Bactéridie × mouton).

Ce mécanisme protée qu'est la bactéridie, ou toute cellule vivante qui continue de vivre, *oriente* toute son activité contre les conditions extérieures qui l'environnent. Dans le cas où elle se trouve dans l'intérieur d'un mouton, elle est orientée dans le sens de la lutte contre le mouton ; elle est devenue un mécanisme défini, *une bactéridie luttant contre un mouton* et elle diffère ainsi de cet autre mécanisme défini, *une bactéridie luttant contre un bouillon phéniqué.*

Ici est la partie délicate de l'exposé de cette question fondamentale.

Je suppose qu'un savant, doué de connaissances qui nous manquent, sache établir à un moment donné, et complètement, toute la structure tant colloïde que chimique d'une bactéridie envisagée à un moment précis. Ce mécanisme ne sera pas comparable à celui d'une locomotive qui, si elle fonctionne, fonctionne toujours de la même manière; au contraire, dans cette bactéridie, un grand nombre de mécanismes pourront être réalisés, un grand nombre de *fonctions* sont possibles. Ces fonctions ne sont pas déterminées d'avance dans la structure de la bactérie; elles ne peuvent être déterminées que par l'ensemble B des circonstances extérieures qui interviennent dans la détermination de ce fonctionnement. Autrement dit, étant données, à un moment donné, deux bactéridies charbonneuses *identiques* à tous les points de vue, je puis réaliser avec chacune d'elles un mécanisme *différent* en trempant la première dans un bouillon phéniqué, en inoculant la seconde à un mouton. Et en effet, les deux mécanismes (bactérie $\times$ bouillon phéniqué) et (bactérie $\times$ mouton) donneront des descendants différents. Ceux du bouillon phéniqué auront subi des variations (que nous ne pouvons guère apprécier directement, car la bactéridie ne s'habitue jamais complètement au bouillon phéniqué), mais qui se traduisent si l'on arrête l'expérience assez tôt, par une *diminution de la virulence pour le mouton*[1]; au contraire, ceux du mouton, s'ils ont triomphé, auront acquis une *augmentation de virulence*.

Nous pouvons nous imaginer provisoirement, ne connaissant pas la structure d'une bactéridie, que cette bactéridie comprend diverses parties actives et que ces parties actives se disposent différemment dans le cas d'une lutte nouvelle,

1. Et aussi par la perte de la faculté de donner des spores.

de manière à réaliser un mécanisme adapté à la lutte ; ou plutôt que, des diverses parties constitutives de la bactéridie, les unes interviennent pour une part plus grande que les autres dans la réalisation du mécanisme nécessité par l'ensemble B des conditions extérieures. Si ce n'était commettre en quelque sorte une faute de méthode, nous pourrions comparer à ce propos la bactérie, être simple, à l'homme, être complexe ; quand l'homme accomplit un acte, une fonction déterminée par les circonstances, les diverses parties de l'homme n'interviennent pas au même degré dans la réalisation de cet acte ; nous pouvons supposer, provisoirement et seulement pour fixer les idées, que la même chose se passe dans une bactéridie A qu'un ensemble de circonstances B amène à exécuter la fonction $(A \times B)$.

Quoi qu'il en soit de ces hypothèses, nous constatons que, sous l'influence d'un ensemble de circonstances longtemps prolongé et qui détermine, chez la bactéridie, la fonction (bactéridie $\times$ mouton) il apparaît, dans le mouton vaincu, une race de bactéridies ayant acquis précisément le caractère correspondant à l'exécution de cette fonction, savoir, la résistance au mouton.

Nous avons appelé *organe* l'ensemble des parties qui collaborent à l'exécution d'une fonction ; la fonction *totale* de la bactéridie incluse dans le mouton étant déterminée par la nature du mouton, nous pouvons considérer, à chaque instant, le mécanisme actuel de la bactéridie parasite comme étant l'*organe* de la lutte contre le mouton.

Et nous constatons que, au bout d'un certain nombre de générations, le mouton étant mort sous les coups des bactéridies multipliées, ces bactéridies ont précisément toutes, au plus haut point, l'aptitude à lutter contre le mouton. En d'autres termes, ce qui s'est multiplié dans le mouton, ce sont des *organes bactéridiens de lutte contre le mouton.* Il y a bien eu assimilation de la substance du mouton par les bactéridies, mais pas assimilation quelconque ; l'assimilation d'une bactéridie dans le mouton n'a pas donné les mêmes résultats qu'eût donnés l'assimilation de la *même bactéridie* dans du bouillon phéniqué ; il y a eu assimilation *relative à la fonction exécutée*, ou pour parler plus brièvement *: assimilation fonctionnelle.*

C'est là la grande loi biologique ; elle est la traduction littérale du principe de Lamarck : « La fonction crée l'organe ». En effet, la fonction définit l'organe, nous l'avons vu ; et si les circonstances sont telles que la même fonction soit exécutée longtemps, l'*assimilation fonctionnelle* correspondante transforme l'organisme considéré en l'organe même de cette fonction.

Il y a, avons-nous dit, des limites à l'habitude ; un individu ne peut pas acquérir, au delà d'un certain degré, l'accoutumance à des conditions données, c'est-à-dire que les parties de son mécanisme qui sont moins utiles dans l'accomplissement d'une fonction longtemps répétée, ne se détruisent pas pour cela complètement ; il en reste assez, pour que d'autres fonctions soient possibles ; un individu ne s'adapte jamais à un genre de vie assez exclusivement[1] pour que d'autres genres de vie lui deviennent défendus.

Une expérience de Pasteur, Chamberland et Roux est extrêmement intéressante à cet égard.

Quand, par des moyens factices, comme la culture en bouillon phéniqué, on a obtenu des bactéridies charbonneuses n'ayant plus aucune virulence pour le mouton, c'est-à-dire des bactéridies qui, inoculées à n'importe quel mouton, sont assimilées par lui sans le rendre malade, l'organe de la résistance au mouton n'est pas pour cela détruit chez elles. Une circonstance favorable a permis de le démontrer ; c'est qu'il se trouve que l'organe de la résistance au mouton est, chez la bactéridie charbonneuse, défini de la même manière que l'organe de la résistance au lapin, au cochon d'Inde, à la souris. La bactéridie la moins virulente pour le mouton a toujours, pourvu qu'elle soit vivante, un organe suffisant pour lutter avantageusement contre une jeune souris d'un jour ; ayant tué cette souris, elle redevient capable de tuer une souris d'une semaine ; ayant tué la souris d'une semaine elle tue une souris adulte, puis un cochon d'Inde, puis un mouton. Mais il lui faut du temps pour récupérer ses qualités atrophiées. Il est plus difficile à un homme, qui a travaillé du cerveau pendant vingt ans, de devenir forgeron, ou à un

1. Cependant, il y a des cas de parasites bien étroitement adaptés à leur hôte ; le parasite de la *malaria* au sang de l'homme par exemple. Encore ce parasite si délicat dans ses besoins peut-il s'accommoder des conditions réalisées dans le corps des moustiques du genre *anopheles.*

forgeron de devenir penseur; mais néanmoins, il n'y a pas d'impossibilité. Le développement exagéré d'un organe chez un individu ne détruit pas entièrement chez lui les éléments constitutifs des autres organes. Entre les individus d'une même espèce, même soumis à des régimes différents, il n'y a jamais que des différences *quantitatives;* ils ont tous les mêmes parties, mais plus ou moins développées chez chacun d'eux. C'est même là, nous le verrons, la définition de l'*espèce* en biologie.

VACCINATION. — Je signale en passant, à cause de l'intérêt pratique de la chose, que Pasteur a tiré des phénomènes que nous venons d'étudier la méthode générale de *vaccination*. Par des procédés empiriques, on arrive à déterminer chez un microbe pathogène une modification qui se traduit par une diminution de virulence pour une espèce donnée; en inoculant à un animal de cette espèce le microbe atténué, on lui donne une maladie légère dont il guérit aisément; il en sort aguerri et résiste à une seconde inoculation d'un microbe plus virulent; finalement il devient réfractaire aux attaques des individus les plus virulents de l'espèce pathogène considérée.

Nous pouvons répéter pour le mouton, lorsqu'il a guéri du charbon, ce que nous avons dit du charbon lorsqu'il a triomphé du mouton; il a développé chez lui l'organe de la résistance au charbon, par assimilation fonctionnelle; mais, comme, en même temps, il a respiré, il a brouté, il a uriné, il a développé par là même les autres parties de son organisme, conjointement avec le mécanisme de résistance au charbon ; c'est pour cela que le cas du mouton est moins simple que celui du charbon, mais une fois compris l'exemple du charbon, le mouton se comprend aussi, aisément. Pour parler rigoureusement, ainsi que nous l'avons dit plus haut, nous ne devons d'ailleurs pas séparer l'organe de la résistance au charbon, de celui de la respiration, de la mastication ou de la miction ; si l'une de ces fonctions partielles faisait défaut, les autres s'arrêteraient aussi, et dans le langage très général que nous employons en ce moment, nous devons parler uniquement d'une fonction d'ensemble, *la fonction mouton*, qui, dans le cas actuel, *comprend* la résistance au charbon. Nous étudierons un peu plus tard la division du travail physiologique.

Colloïdes morts, toxines, aliments. — Au lieu d'injecter, à un animal, un être vivant comme la bactéridie charbonneuse, on peut se proposer de voir ce qui se passe quand on introduit dans son milieu intérieur une substance morte quelconque.

Les substances purement chimiques, non colloïdes, donnent, dans cette voie, des résultats assez peu intéressants ; cependant on sait que l'homme s'accoutume à des doses croissantes de morphine, et que Mithridate était arrivé à absorber impunément de fortes quantités de divers poisons.

L'injection de colloïdes empruntés à d'autres êtres vivants, d'éléments provenant d'autres animaux par exemple (lait, sang, urine, foie, etc.) ou de cultures filtrées de microbes (toxines, diastases) est infiniment plus riche en enseignements de toutes sortes.

Ici, un seul des deux antagonistes étant vivant, nous ne nous occuperons que des cas où l'animal injecté survit à son injection. Alors, au bout d'un certain temps, tout le colloïde injecté a disparu, a été assimilé par l'animal vivant auquel il a servi d'aliment. L'animal ayant assimilé ce colloïde ne semble pas avoir subi de modification, et l'on pourrait croire, par conséquent, qu'il est indifférent de nourrir un animal avec tel ou tel colloïde, pourvu qu'il n'en meure pas.

Cependant, dans le cas où le colloïde injecté est ce qu'on appelle une *toxine* ou un *venin*, on peut observer une modification de l'animal injecté. Si en effet le mot *toxine ou venin* (expressions toutes relatives), pouvait s'appliquer à l'espèce de l'animal considéré, c'est que l'injection de ces substances devait, faite en quantité suffisante, rendre malade, ou tuer un individu normal de cette espèce. Supposons que l'animal ne soit pas mort ; lorsqu'il aura guéri de sa maladie, il pourra recevoir, sans être malade, ou du moins, en n'étant plus aussi malade, une nouvelle injection de la même toxine ou du même venin ; finalement, il pourra devenir réfractaire à la toxine ou au venin, et en supporter, sans souffrir, des doses très considérables.

Ici encore il y aura eu *assimilation fonctionnelle*, développement de l'organe défini par la fonction de résistance au venin ou à la toxine.

Si, au lieu de venin ou de toxine, nous injections à un animal des substances totalement inoffensives, comme du lait, du sang de veau ou du foie de bœuf, nous n'aurions, semble-t-il, aucun moyen de savoir si l'animal a été modifié par l'injection; n'ayant pas été gêné par la première injection, il ne pourrait pas l'être moins par la seconde ; et cependant, il est difficile d'admettre qu'une substance colloïde puisse être totalement inoffensive, car, injectée à une dose suffisante, elle tuerait évidemment le malade — d'indigestion. — Mais les symptômes de malaise, quand on injecte une dose raisonnable, sont trop minimes pour qu'il soit possible de remarquer qu'ils ont diminué à la seconde injection.

Heureusement, dans certains cas au moins, une particularité extrêmement importante permet de constater *indirectement*, une variation de l'organisme, même par rapport aux colloïdes d'apparence totalement inoffensive. Nous étudierons dans le prochain chapitre cette particularité remarquable qui est le point de départ de la méthode féconde connue depuis quelques années sous le nom de *sérothérapie*.

Avant d'entreprendre cette étude, il est bon de placer ici une remarque.

L'habitude a des limites, avons-nous dit; une fois qu'un animal s'est habitué *au maximum* à des conditions données, il peut subir ces conditions sans éprouver désormais aucune variation; lors, donc, qu'un être a été soumis longtemps à des circonstances qui n'ont pas varié, la loi d'*assimilation fonctionnelle* fait place à la loi rigoureuse d'*assimilation* que nous avons établie comme loi approchée dans la troisième partie de ce volume. C'est pour cela que nous avons pu constater une assimilation sans variation dans une bactéridie charbonneuse *surveillée* dans un bouillon par un expérimentateur habile; nous pourrions dire la même chose d'une bactéridie qui, ayant déjà tué plusieurs moutons, ayant, par conséquent acquis le maximum de virulence pour le mouton, se multiplierait sans variation dans un nouveau mouton. La loi *d'assimilation fonctionnelle* est relative aux périodes de changement dans les circonstances ; elle est donc très générale, car les circonstances changent ordinairement dans la nature; mais si, pendant ces périodes, la loi d'assimilation n'est qu'approchée, elle est rigoureuse toutes les fois que des conditions, longtemps réalisées, restent constantes.

CHAPITRE XVII

Cas où l'on peut transporter hors du corps les résultats de l'analyse fonctionnelle. Sérothérapie.

Jusqu'ici, la *fonction*, telle que nous l'avons définie pour le besoin de l'analyse des phénomènes biologiques, nous est apparue seulement comme une manière de parler commode. Or, découverte tout à fait imprévue, et qui aura dans la science un retentissement prodigieux, il y a des cas où cette décomposition en *fonctions* se traduit par autre chose qu'une formule verbale.

Voici, par exemple, un lapin dans le péritoine duquel on a injecté du lait de vache ; ce lait est assimilé et le lapin ne s'en porte pas plus mal ; il a changé cependant par rapport au lait de vache, et c'est là la remarque fondamentale de J. Bordet. Le sérum de ce lapin, qui a assimilé du lait de vache, donne ensuite, *in vitro*, un précipité avec le lait de vache *et avec le lait de vache seulement*.

Ainsi, non seulement nous sommes sûrs que l'injection de lait de vache dans un lapin a donné à ce lapin une modification spécifique par rapport au lait de vache, ce que nous pouvions prévoir par comparaison avec les injections de toxine et de venins, mais encore, le reflet de cette modification spécifique peut se transporter *in vitro* avec le sérum — colloïde mort — emprunté au lapin. La fonction (lapin $\times$ lait de vache) n'est donc plus une chose purement verbale ; nous pouvons en transporter *le résultat* dans un flacon, sous forme d'un sérum qui nous permettra, en particulier de distinguer désormais le lait de vache de tous les autres laits ; car le sérum spécifique ainsi obtenu ne donne de précipité ni avec le lait d'ânesse, ni avec le lait de femme, ni avec le lait de truie.

De même, injectons dans un péritoine de cobaye des globules rouges de sang d'oie, nous constatons que ces globules sont digérés petit à petit et assimilés par le cobaye ; après quoi le sérum du cobaye a la propriété de dissoudre, dans un verre, des globules de sang d'oie.

Ce résultat se généralise à un grand nombre de tissus ; chacun d'eux, assimilé par un animal donné, fait naître dans le sérum de cet animal, une propriété transportable spécifique par rapport au tissu assimilé.

On conçoit toute l'importance pratique de cette découverte ; elle contient toute la sérothérapie. Si l'on a habitué un cheval à assimiler de la toxine diphtérique, son sérum pourra détruire cette toxine chez un enfant atteint de la terrible maladie, pourvu que le sérum de cheval ainsi préparé ne soit pas lui-même toxique pour l'enfant. C'est la méthode générale découverte par Behring et Kitasato et rendue applicable par les travaux d'Émile Roux.

A vrai dire, on connaissait déjà une *transportabilité* analogue de propriétés fonctionnelles par des colloïdes morts. Une culture *filtrée* de bactéridie charbonneuse, pouvait, inoculée en quantité suffisante à un mouton, lui donner une maladie mortelle ayant des symptômes analogues à ceux du charbon bactéridien. Mais cette observation ne fut pas interprétée au début comme je l'interprète maintenant ; on pensa seulement que, dans la maladie charbonneuse, les substances *excrémentitielles* produites par la bactéridie jouaient le rôle principal ; nous discuterons cette opinion un peu plus tard.

A vrai dire, quand on filtre une culture *sur bouillon* de bactéridie charbonneuse, on a le résultat de la fonction (bactéridie $\times$ bouillon) et non celui de la fonction (bactéridie × mouton). Le fait que ce liquide filtré est néanmoins nuisible au mouton prouve que ces deux fonctions ne sont pas très différentes l'une de l'autre ; nous avons déjà vu en effet que les fonctions (bactéridie × souris), (bactéridie × cobaye) et (bactéridie × mouton) sont de même ordre ; la bactéridie n'a pas d'actions spécifiques bien caractéristiques.

Il en est tout autrement d'un autre microbe également très connu, le rouget du porc. La fonction (rouget × lapin) est antagoniste de la fonction (rouget × pigeon), puisque l'accoutumance du rouget à tuer des lapins diminue sa virulence pour le pigeon.

Quelle que soit leur importance au point de vue de la médecine scientifique, ces faits de transportabilité de résultats fonctionnels dans les liquides morts, présentent au point de vue biologique une importance plus grande encore.

Supposons qu'à chaque *fonction*, nettement définie chez une espèce vivante, corresponde une *activité fonctionnelle spécifique transportable* dans un colloïde mort. Nous pourrons ainsi conserver, dans des bocaux étiquetés, toutes les fonctions possibles d'une espèce vivante, sous forme de colloïdes capables d'accomplir, partiellement au moins, chacune de ces fonctions spécifiques. Ce sera là une analyse *réelle* de l'activité vitale de l'espèce considérée. Cette analyse sera plus ou moins complète, mais elle sera bien *réelle*.

L'un des premiers résultats obtenus dans cette voie, a été la fabrication d'alcool, dans un moût sucré, au moyen de colloïdes *morts* fournis par des levures. On est parti de cette observation pour affirmer que ces colloïdes *morts* sont partiellement vivants ; ce qui, au moins sous cette forme, me paraît absurde. Ce qui est vrai, c'est qu'on peut décomposer une partie plus ou moins grande de l'activité vitale d'un être, peut-être même toute cette activité, en des activités partielles transportables dans des colloïdes morts ; et cela suffit à prouver que les phénomènes vitaux ne sont pas *essentiellement* différents des autres phénomènes naturels ; mais on ne doit considérer comme *vivant* qu'un corps qui a *tous* les attributs d'un être vivant.

DIASTASES ET SUBSTANCES EXCRÉMENTITIELLES ; ASSIMILATION PHYSIQUE OU DIGESTION. — L'exemple que je viens de signaler, savoir, la fabrication d'alcool dans un moût sucré par un colloïde mort provenant d'une levure, nous fait penser immédiatement à une question qui complique singulièrement la méthode d'analyse, de décomposition d'une activité vitale totale en activités partielles transportables dans des colloïdes.

En même temps qu'une substance vivante assimile, soit qu'il s'agisse d'une assimilation rigoureuse dans un milieu constant, soit qu'il s'agisse d'une assimilation fonctionnelle ou adaptive dans des conditions nouvelles de milieu, il se produit, nous le savons, des substances accessoires à l'assimilation, substances appelées le plus souvent excrémentitielles, et que j'ai désignées par la lettre R dans l'équation de la vie élémentaire manifestée. Ce sont des substances chimiquement définies et qui doivent se produire, toujours les mêmes quand les conditions de la vie de l'espèce considérée restent les mêmes. De cet ordre est, par exemple, l'alcool, substance accessoire à l'assimilation d'un moût sucré par de la levure de bière.

On ne peut pas établir la moindre comparaison entre cette substance excrémentitielle, l'alcool, et le colloïde mort qui, extrait des cultures de levure de bière, peut lui-même fabriquer de l'alcool dans un moût sucré.

On appelle, d'une manière générale, *diastases* ou *enzymes* les colloïdes morts qui peuvent transporter avec eux une partie de l'activité vitale d'un être vivant. Ces diastases, *nous ne les connaissons que par leurs effets*, qui sont précisément l'expression de l'activité vitale de l'être vivant considéré, relativement à la substance sur laquelle elles agissent ; or, elles sont mélangées dans les bouillons de culture avec les substances excrémentitielles ou substances R de sorte que, si nous étudions l'effet d'une culture filtrée[1] d'un microbe ou d'une levure sur un animal ou sur un réactif quelconque, nous ne saurons pas distinguer ce qui est dû à la diastase et ce qui est dû à la substance excrémentitielle ; c'est une des raisons qui retardent l'étude des diastases.

Les diastases sont, avons-nous dit, des col-

1. Ou centrifugée ; car certaines diastases ne traversent pas les filtres : aussi préfère-t-on séparer les corps des microbes au moyen d'un appareil à force centrifuge comme celui que les fermières emploient pour écrémer le lait.

loïdes morts ; il est probable que leur activité est due à leur état colloïde particulier, car elle se manifeste, en effet, le plus souvent par des variations introduites dans l'état colloïde d'autres substances ; qu'il y ait, secondairement à ces variations colloïdes, des réactions chimiques qui en résultent, nous savons que cela doit se produire souvent, et cela ne nous empêchera pas de croire que l'action de la diastase a été d'ordre colloïde, même quand nous n'en constaterons que le résultat secondaire, qui est chimique.

La *sucrase*, par exemple, est une diastase produite par les levures et autres moisissures, et qui a la propriété d'*intervertir* le sucre de canne. Cela prouverait simplement que la solution de sucre de canne n'est stable, en tant que composé chimique défini ou *saccharose*, qu'à un état colloïde différent de celui de la sucrase. C'est une relation d'équilibre entre l'état chimique et l'état physique de cette substance spéciale.

Cette idée de l'action purement colloïde des diastases suggère une interprétation générale de leur genèse. Un corps vivant dans un moût, dans un bouillon ou un autre colloïde, se multiplie en *assimilant le milieu*, c'est-à-dire en fabriquant, aux dépens du milieu, du protoplasma identique au sien propre. Il y a dans cette assimilation deux phénomènes distincts ; le protoplasma fabriqué est en effet identique à celui qui l'a produit, tant au point de vue chimique qu'au point de vue de l'état colloïde ou physique ; il y a donc en réalité deux assimilations : l'une d'elles, qui peut s'appeler *assimilation physique* ou *assimilation col-*

loïde consiste dans l'établissement d'un équilibre entre l'état colloïde du corps vivant et celui des substances de son milieu avec lesquelles il entre en conflit ; la seconde, qui est l'assimilation proprement dite ou définitive, est probablement subordonnée à la première, mais ne se passe que dans les limites du contour même du corps vivant, dans son protoplasma, en un mot ; tandis que l'assimilation physique peut, à un degré plus ou moins avancé, gagner le milieu ambiant.

Ainsi, ce qu'on appelle *sécrétion de sucrase par la levure*, ce serait seulement l'influence progressive, sur le milieu contenant du saccharose, de l'état colloïde de la fonction (levure $\times$ saccharose). Les différentes diastases que secrète, dans un milieu contenant diverses substances actives, un élément vivant A, seraient les traductions colloïdes des fonctions partielles $(A \times B_1)$, $(A \times B_2)$, etc.., B_1, B_2 ... etc., étant les diverses substances actives dont la somme constitue l'ensemble B des conditions extérieures. Séparer ces diastases les unes des autres, cela revient donc à analyser la fonction totale $(A \times B)$ de ses éléments partiels $(A \times B_1)$ $(A \times B_2)$, etc.., ce qui constitue une analyse *effective* de l'activité vitale totale de l'espèce A dans les conditions B.

Cette *assimilation physique* si remarquable est connue depuis bien longtemps dans certains cas particuliers, sous le nom de *digestion* ; mais le plus souvent, comme on ne connaissait pas les propriétés des corps colloïdes, on considérait les digestions comme des dissolutions. Par exemple, la viande, digérée par le suc gastrique, était considérée comme dissoute[1], alors que, en réalité, elle passait seulement d'un *état colloïde* à un autre *état colloïde* en équilibre avec celui des cellules de l'estomac. Et cette nouvelle manière de voir explique tout naturellement ce paradoxe qui a donné lieu à tant d'explications bizarres.

« Pourquoi le suc gastrique ne digère-t-il pas les parois de l'estomac? »

Le réponse est immédiate :

« Parce que ce suc gastrique a pour effet de mettre les états colloïdes des ingesta *en équilibre* avec les cellules de l'estomac, et que ces cellules de l'estomac sont naturellement en équilibre avec elles-mêmes. »

De la même manière, on s'est étonné aussi que le venin des scorpions ou des serpents fût inoffensif pour eux-mêmes! La notion d'assimilation physique explique tout cela.

L'assimilation physique se fait, dans certains cas, à l'intérieur et à l'extérieur des protoplasmas vivants; mais il n'est pas étonnant que, le plus souvent, elle soit plus vigoureuse dans l'intérieur même des cellules actives, et qu'elle s'exerce, dans le milieu ambiant, avec une intensité qui décroît d'après la distance au centre d'activité. C'est pour cela que, dans beaucoup de cas, on est obligé, pour se procurer certaines diastases, de triturer mécaniquement les cellules qui les ont produites; il est possible d'ailleurs que certaines activités soient localisées à l'inté-

1. Quand le lait est digéré par la présure, son assimilation physique se traduit par un état plus solide (lait caillé) et non par un état plus liquide.

rieur des cellules vivantes et ne diffusent aucunement à l'extérieur ; relativement à ces activités, notre analyse fonctionnelle effective sera incomplète.

L'histoire de l'assimilation physique se trouve résumée d'une manière très claire dans les phénomènes qui se passent au sein d'une vacuole d'amibe[1]. L'amibe, dont nous ferons un peu plus loin une courte étude à propos du mouvement, est une petite masse protoplasmique de forme variable qui englobe des corps étrangers au sein de sa substance, dans une vacuole contenant de l'eau. Supposons que le corps ingéré soit un corps vivant. Tout corps vivant a son état colloïde ou protoplasmique personnel, qui est la condition *sine quâ non* de sa vie. Dans le cas actuel, le liquide de la vacuole sera donc sollicité de deux manières antagonistes, au point de vue de l'équilibre physique, par deux protoplasmas différents, l'un inclus, l'autre périphérique. L'un des deux l'emportera, l'autre mourra et sera assimilé physiquement ou digéré par le premier ; il y aura là une lutte entre deux activités protoplasmiques, par l'intermédiaire d'un liquide interposé, le liquide de la vacuole. Si c'est l'amibe qui l'emporte, on dira que la vacuole, se remplissant de ses sucs digestifs, aura digéré et assimilé l'animal ingéré.

On peut raconter de la même manière l'histoire d'une bactérie injectée à un mouton, seulement ici, c'est le milieu intérieur du mouton qui rem-

1. J'ai étudié longuement ces phénomènes dans un livre récent *La lutte universelle*.

place la vacuole de l'amibe ; il s'agit de savoir si la bactérie assimilera le mouton ou si le mouton assimilera la bactérie ; mais une fois la lutte terminée, il est évident que le milieu intérieur du mouton contiendra l'activité transportable qui a remporté la victoire ; c'est, nous l'avons vu, l'origine de la sérothérapie.

La même narration est encore possible lorsque le corps ingéré ou injecté est un colloïde mort. Ce colloïde doit son existence, en tant que colloïde défini, à son état physique particulier. Il s'agira de savoir si le colloïde ingéré l'emporte sur le milieu intérieur de l'animal et lui impose son état, ou s'il est vaincu et assimilé par lui. Dans le premier cas, on dira que le colloïde est *toxique*, dans le second cas, qu'il est *alimentaire* par rapport à l'animal étudié ; si l'animal A est vainqueur, le colloïde B aura déterminé chez lui la fonction $(A \times B)$, dont la trace se trouvera dans son sérum, et aura par conséquent développé l'organe correspondant à cette fonction ; de sorte que, une fois la bataille finie et le colloïde B vaincu, l'animal A continuera à produire dans son milieu intérieur la diastase définie par la fonction $(A \times B)$; c'est en effet ce que l'on constate couramment ; un cheval auquel on a injecté de la toxine diphtérique continue pendant longtemps à fournir un sérum antitoxique ; lorsque cette fonction s'atténue, on la revivifie en faisant à l'animal une nouvelle injection de la même toxine.

CHAPITRE XVIII

Les états colloïdes et la division du travail physiologique.

Nous venons de tirer un grand parti de cette expression « état colloïde » qu'il nous est impossible de définir ; du moins, ne savons-nous pas, dans l'état actuel de la science, donner une description de la disposition des particules et du solvant dans un colloïde donné, de l'état électrique des parties, etc., et établir par des chiffres, la caractéristique d'un état colloïde particulier. En d'autres termes, nous ne savons pas faire une analyse artificielle, satisfaisante pour l'esprit humain, d'un colloïde déterminé ; mais, en revanche, et c'est là précisément la méthode naturelle des études biologiques, nous savons caractériser un colloïde par rapport à un autre colloïde.

Nous reconnaissons un colloïde à son origine et à ses effets ; il est défini pour nous par la fonction (A × B) dans laquelle A et B sont connus. Par exemple nous définissons la sucrase par la fonction (*levure* × *saccharose*) ou (*aspergillus* × *saccharose*), et nous la reconnaissons à ce qu'elle intervertit le sucre de canne. Nous avons même peut-être tort de dire *sucrase* tout court, en la définissant par son effet, car il est vraisemblable que la sucrase de la levure est différente de la sucrase de l'aspergillus ; quand le colloïde est une toxine, nous avons une tendance, au contraire, à le définir uniquement par son origine, et à dire par exemple « *de la toxine tétanique* », alors que, peut-être, la fonction (*tétanos* × *mouton*) est différente de la fonction (*tétanos* × *cobaye*).

Quoi qu'il en soit, nous reconnaissons un colloïde à son action sur un autre colloïde, et nous constatons immédiatement que, le plus souvent, les colloïdes se rangent dans un ordre déterminé d'après le résultat prévu des batailles livrées par l'un à l'autre.

Par exemple, la présure fait cailler le lait (victoire de la présure, qui impose son état colloïde au lait) ; le suc gastrique digère la viande (victoire du suc gastrique), etc.

Dans quelques cas, le colloïde qui sert de réactif est un animal vivant ; la toxine tétanique tue l'homme, en produisant chez lui certaines lésions *caractéristiques* ; et l'on peut même dire qu'il n'y a aucun réactif colloïde aussi sensible et aussi précis que les êtres vivants.

Mais ces colloïdes, que nous appelons *diastases* ou *toxines* quand nous les comparons aux colloïdes qu'ils sont capables de vaincre, auxquels ils imposent leur état physique, nous devons les considérer comme *aliments* par rapport à des animaux qui les digèrent ; de la présure, injectée au lapin est assimilée par lui, en développant la fonction (*lapin* × *présure*) dont le résultat est de produire dans le lapin une modification telle que son sérum annihilera ensuite *in vitro* l'effet de la présure sur le lait; certaines levures se nourrissent parfaitement de toxine tétanique. Un colloïde ne peut donc pas être considéré d'une manière absolue comme une toxine, une diastase ou un aliment; il est diastase par rapport à certains colloïdes et aliment par rapport à d'autres. Enfin, il y a aussi des colloïdes qui sont indifférents les uns par rapport aux autres, c'est-à-dire qui peuvent coexister sans s'influencer réciproquement.

Tous les faits que nous constatons depuis que nous avons abordé l'étude des êtres vivants par la méthode naturelle et vraiment biologique d'investigation, nous prouvent bien, ce que j'avançais en commençant, que, si les phénomènes vitaux sont à cheval sur la chimie et sur la physique des colloïdes, ils sont surtout abordables par le côté colloïde; les actions chimiques entre deux corps colloïdes se font en effet, le plus souvent, d'une manière indirecte, par une première bataille colloïde dont les résultats, ayant réalisé un équilibre colloïde définitif, dirigent ensuite les réactions chimiques liées à cet équilibre colloïde. La sérothérapie, presque toute la pathologie, consistent en phénomènes de luttes colloïdes.

Voici deux faits, choisis entre mille autres, qui prouvent l'importance des phénomènes colloïdes par rapport aux réactions purement chimiques dans le domaine de la biologie.

1° Si l'on injecte à des animaux des doses croissantes de morphine, alcaloïde *soluble*, on provoque une accoutumance des animaux à ce poison; mais le sérum des animaux morphinisés ne transporte *in vitro* aucune propriété *anti-morphine*.

La morphine étant vraiment dissoute, il n'y a pas eu d'abord d'équilibre colloïde entre les êtres vivants et elle; le phénomène d'accoutumance a dû se produire seulement au sein des tissus; il a été probablement directement chimique. Nous reviendrons un peu plus loin sur l'explication de ce cas particulier.

2° Deux êtres, d'espèce très différente, ayant par conséquent des structures chimiques très éloignées, peuvent être néanmoins en équilibre colloïde; le sérum résultant de la fonction (*mammifère* $\times$ *venin de serpent*) peut être utilisé contre la toxine tétanique.

Des faits de même ordre expliquent que le hérisson soit réfractaire à la morsure des vipères, etc.

La division du travail. — Le langage que nous avons adopté dans les pages précédentes nous permet de parler de la *division du travail*, même chez les êtres les plus simples comme une bactérie ou une levure. D'une manière synthétique, nous avons constaté que l'activité d'un corps vivant A dans un ensemble de circonstances B peut se résumer dans la fonction que représente la formule symbolique $(A \times B)$.

Mais si nous savons décomposer l'ensemble B en plusieurs termes B_1, B_2, B_3, etc., nous pourrons analyser la fonction totale $(A \times B)$, et la décomposer en fonctions partielles $(A \times B_1)$,

$(A \times B_2)$, etc. Nous saurons bien, d'ailleurs, qu'en faisant cette analyse nous risquerons d'être incomplets, car nous pourrons négliger des phénomènes importants résultant du retentissement de chacune de ces fonctions partielles sur les autres.

Néanmoins, et surtout lorsque, à chaque fonction partielle $(A \times B_1)$, $(A \times B_2)$, etc., correspondra une diastase isolable, nous trouverons grand avantage à employer cette analyse artificielle.

Tenons-nous-en encore au cas où les facteurs B_1, B_2, B_3, sont des colloïdes transportables avec leurs propriétés; suivant que nous mettrons en conflit avec A une quantité prédominante de l'une ou de l'autre de ces substances, B_1 par exemple, nous définirons et nous développerons, par assimilation fonctionnelle, ce que nous devons appeler l'organe correspondant à la fonction $(A \times B_1)$. Le résultat sera donc l'apparition de la diastase de cette fonction, dans le milieu ambiant, et cette diastase continuera à se produire (l'organe qui la fabrique s'étant développé), même lorsque nous cesserons de mettre dans le milieu le facteur B_1.

Si nous avons étudié aussi complètement que possible l'espèce A par rapport à toutes les substances qui peuvent se trouver en conflit avec elles, nous déclarerons par exemple que cette espèce peut sécréter trois diastases bien définies, l'une qui digère les graisses, l'autre qui digère les sucres, l'autre qui digère les albumines. Et dans un fonctionnement nouveau de notre être A par rapport à une substance complexe, nous pourrons retrouver des sécrétions diastasiques de ces trois genres, en proportions variables suivant les cas.

La division du travail se réduira, pour cet exemple très simple, à la possibilité d'une définition précise de trois organes correspondant à trois fonctions bien déterminées.

Mais supposons que, dans un corps vivant de grandes dimensions, la forme même du corps mette en conflit d'une manière habituelle avec des ennemis différents B_1, B_2, B_3, les régions M, N, O, du corps, la fonction $(A \times B_1)$, définie au point M, développera en ce point, plus particulièrement, la sécrétion diastasique correspondante; il y aura, jusqu'à un certain degré, localisation des fonctions et, si cela dure longtemps, les points M, N et O du corps finiront par acquérir des caractères particuliers, en relation avec les conditions particulières auxquelles ils sont soumis. L'assimilation fonctionnelle développera en chacun de ces points les parties du mécanisme qui ont pour résultat de produire précisément les diastases nécessaires; le corps de l'individu deviendra par là même hétérogène; la division du travail pourra devenir *anatomiquement constatable*; les états colloïdes des substances vivantes retentissent en effet sur leur morphologie.

Si, au lieu d'une masse protoplasmique continue (rien dans nos raisonnements ne l'a supposé jusqu'ici) l'organisme dont nous parlons se compose d'une agglomération de cellules, les différences réalisées par les conditions aux points M, N, O du corps, se traduiront par des aspects différents des cellules placées en ces points. La division du travail aura créé la *différenciation histologique*.

Jusqu'où peut aller cette différenciation? Nous avons dit plus haut que l'habitude a des limites. Devons-nous penser que chaque cellule du corps arrivera à se différencier au point de n'être plus capable que d'une fonction exclusive, la fonction $(A \times B_1)$ par exemple? ou devons-nous croire, au contraire que la différenciation se borne à développer, dans chaque cellule, certains organes par rapport à d'autres qui y existent néanmoins quoique peu importants? La question est débattue.

Le poussin dérive d'un œuf qui ne contient ni muscles, ni nerfs, ni os, mais on conçoit que l'assimilation fonctionnelle ait développé dans des sens différents pour chaque tissu, certaines particularités qui existaient toutes dans l'œuf. En d'autres termes, l'œuf est un peu muscle, un peu nerf, un peu os; la question est de savoir si le muscle, le nerf, l'os, sont encore un peu œuf, c'est-à-dire contiennent encore, à côté de l'organe correspondant à leur fonction spéciale, des rudiments des organes correspondant aux fonctions des autres tissus.

Quoi qu'il en soit, la loi d'assimilation fonctionnelle nous empêche dès le début de nous étonner que, dans un mécanisme aussi compliqué que l'homme, chaque tissu soit précisément *adapté* aux nécessités de la place qu'il occupe.

Nous avons établi cette loi d'assimilation fonctionnelle pour les cas où les circonstances extérieures B se réduisaient à des éléments colloïdes transportables, ce qui nous a limités aux fonctions de *mécanisme protoplasmique*. Il nous sera facile avec ce que nous avons acquis jusqu'à présent, d'étendre cette loi générale aux *fonctions de mécanisme d'ensemble*.

CHAPITRE XIX

Les fonctions de mécanisme d'ensemble.

Nous avons constaté, au début de la quatrième partie de cet ouvrage, que la décomposition en fonctions de l'activité totale d'un individu complexe comme l'homme ou le chien, peut se faire d'une infinité de manières au gré de l'observateur; ces fonctions, ainsi définies d'une manière fantaisiste, n'ont donc d'autre intérêt qu'un intérêt descriptif. Leur définition présente d'ailleurs un autre danger, savoir que la somme de toutes ces fonctions définies séparément ne représente pas l'activité totale de l'individu analysé, si l'on ne tient pas compte des relations inévitables qui unissent chacune des fonctions partielles à toutes les autres.

Cependant, nous avons tiré un certain parti de la considération des fonctions de mécanisme protoplasmique, définis, chacun pour son compte, par un facteur envisagé à part dans les circonstances ambiantes; cela nous a permis de réunir en une formule générale les si nombreux faits d'expérience recueillis depuis une vingtaine d'années dans les laboratoires de pathologie expérimentale.

L'organisme animal peut être considéré comme un mécanisme, à plusieurs points de vue, suivant plusieurs échelles de dimensions. Il s'y passe des phénomènes chimiques et des phénomènes colloïdes, et nous savons que le mécanisme colloïde ou protoplasmique retentit sur le mécanisme chimique; réciproquement, le mécanisme chimique retentit sur le mécanisme colloïde. Des relations analogues existent entre le mécanisme d'ensemble et le mécanisme colloïde ou protoplasmique; les mouvements de locomotion, par exemple, qui sont parmi les plus faciles à observer des mouvements de mécanisme d'ensemble, sont liés, par des relations de cause à effet, à l'état protoplasmique des tissus qui composent les membres; le mouvement des bras ou des jambes est inséparable des contractions musculaires et des courants nerveux, fonctions de mécanisme protoplasmique. Dans les fonctions de mécanisme d'ensemble, nous aurons donc à envisager comme dans les chapitres précédents, les fonctions correspondantes de mécanisme protoplasmique; et il est bien certain que, dans ce cas comme dans les précédents, ce seront les circonstances extérieures qui détermineront l'activité particulière de l'organisme. La seule différence sera que, au lieu d'agir *directement* sur les mécanismes protoplasmiques comme le faisaient les facteurs colloïdes B_1, B_2, etc., dont nous parlions tout à l'heure, les facteurs d'action externes que nous envisagerons maintenant n'agiront plus sur le mécanisme colloïde que *par l'intermédiaire* d'un mécanisme d'ensemble d'échelle plus élevée.

Exemple. Voici un bol de lait sur la table; si j'avais injecté le contenu de ce bol de lait dans le péritoine d'un cobaye, j'aurais déterminé, *directement*, dans le protoplasma de ce cobaye, la fonction (protoplasma de cobaye $\times$ lait), fonction de mécanisme protoplasmique. Voici maintenant un chat devant ce bol de lait; l'odeur qui s'en dégage, la lumière qu'il émet, influencent les organes olfactifs et visuels du chat; les impressions sensorielles ainsi réalisées transmettent, par un mécanisme protoplasmique que nous étudierons plus tard, une *modification* à l'état colloïde des cellules nerveuses du cerveau; cette modification se répartit dans les différents centres nerveux, suivant les chemins de moindre résistance tracés, au moment considéré, dans ces centres nerveux, et finissent par aboutir, au moyen des nerfs centrifuges, à un grand nombre de muscles locomoteurs qui se contractent successivement. Le résultat de tout cela est que le chat s'approche du bol de lait, penche la tête dessus et commence à en laper le contenu.

Voilà quelque chose d'infiniment complexe, une activité d'ensemble très difficile à analyser et qui a été déterminée chez le chat par le bol de lait. Encore devons-nous remarquer que le bol de lait n'est pas intervenu seul dans cette détermination; l'état de l'ambiance et l'état du chat y jouaient aussi un rôle important; si le chat avait été repu, ou s'il m'avait vu, près du bol de lait, armé d'un bâton, les mouvements déterminés chez lui eussent été tout autres.

Dans tous les cas, je suis obligé de constater que le chat tout entier a pris part à l'exécution de la fonction considérée; on ne saurait assigner à l'accomplissement de cette fonction un organe qui ne comprît pas le chat tout entier. La fonction étudiée est une page de l'histoire de l'activité du chat; l'organe correspondant est la page correspondante de l'histoire de son évolution structurale. Il y a eu, défini dans le chat au moment considéré, un mécanisme différent de celui qui y était défini un instant auparavant et accomplissait autre chose. En d'autres termes, dans un langage rigoureux, le chat vivant est une succession d'*organes* différents, que nous appelons tous du même nom de chat, et dont chacun est un mécanisme à part.

Reprenant notre notation précédente, nous dirons que le chat, succession des organes A_1, A_2, A_3, etc., accomplit successivement, dans les conditions B_1, B_2, B_3, les fonctions successives $(A_1 \times B_1)$ $(A_2 \times B_2)$ $(A_3 \times B_3)$, etc. Et c'est l'accomplissement de la fonction $(A_1 \times B_1)$ qui transforme le chat A_1 en chat A_2.

La seule relation que l'observation directe nous permette d'établir entre les états successifs A_1 et A_2 du chat, c'est que, si le chat a accompli souvent la fonction $(A_1 \times B_1)$, il devient plus apte à l'accomplir ensuite; c'est toujours la loi d'habitude que Lamarck a empruntée à la sagesse des nations. *La fonction définit l'organe; la fonction répétée souvent, crée l'organe.*

Transportant cette observation dans le domaine du mécanisme colloïde, nous concevons que si, en un point M du corps, une masse protoplasmique se trouve plusieurs fois de suite amenée à exécuter la même opération dans le mécanisme d'ensemble, elle sera modifiée par cette opération même, et dans le sens qu'il faut pour être plus apte à l'exécuter ensuite. Le cas sera comparable à celui des éléments protoplasmiques luttant contre une toxine ou un aliment déterminé, seulement, dans ce cas, la fonction spéciale de la masse protoplasmique sera définie, indirectement, par le mécanisme d'ensemble dont elle fait partie.

Mais, chez un animal adulte, les masses protoplasmiques localisées aux divers points du corps ne sont plus sujettes, dans leurs rapports avec le mécanisme d'ensemble, à des variations aussi étendues que dans leurs rapports avec les toxines ou les aliments[1]. Nous avons vu les mêmes protoplasmes fabriquer successivement de l'antitétanos, de l'antidiphtérie, etc., c'est-à-dire lutter spécifiquement dans chaque cas, contre un ennemi nouveau, en acquérant un organe nouveau. Il n'en est plus de même quand

1. Il est vrai que, d'après M. Metchnikoff, ce ne sont pas les tissus fixes ou tissus de construction qui exécutent la défense antitoxique, mais bien les éléments migrateurs ou phagocytes, qui n'ont rien à voir avec le mécanisme d'ensemble de l'animal.

il s'agit des masses protoplasmiques considérées comme éléments constitutifs du mécanisme total; chaque élément, situé à un endroit déterminé du mécanisme adulte ne peut exécuter qu'une sorte de fonction protoplasmique; le muscle est muscle, le nerf est nerf, et l'on ne voit pas le muscle se transformer en nerf. Ici, il n'est donc plus question d'une variation dans la nature du mécanisme de chaque cellule, mais simplement d'un fonctionnement plus ou moins considérable, suivant un modèle tracé à l'avance pour chaque élément histologique défini. En d'autres termes, un élément donné situé au point M du corps, fait toujours la même chose, quelle que soit la fonction de mécanisme d'ensemble déterminée dans l'animal par les circonstances; seulement, cette même chose qu'il sait faire, il la fait beaucoup, un peu, pas du tout, suivant la manière dont est défini l'organe qu'est l'animal à un moment donné.

Encore ne savons-nous pas si les éléments des tissus que nous observons aujourd'hui chez les animaux adultes sont arrivés au terme absolu de leur évolution différentielle; nous disions, tout à l'heure, que l'on ne sait pas si le muscle d'aujourd'hui n'est pas encore *un petit peu œuf*, c'est-à-dire s'il ne contient pas encore des rudiments des fonctions caractéristiques d'autres tissus. Si cela était, nous devrions croire, suivant la loi d'assimilation fonctionnelle précédemment établie, que, à force d'agir comme muscle, de *muscler*, le muscle devient *plus muscle*. Nous devons penser, en tout cas, que cela s'est produit au cours de l'évolution des espèces qui a donné, par adaptation progressive, à chaque espèce actuelle, précisément son anatomie et son histologie.

Si nous supposons que le muscle devient plus muscle à force de *muscler*, le cas est tout à fait le même que pour les éléments protoplasmiques qui luttaient contre les toxines ou les microbes; l'organe colloïde est créé par la fonction colloïde répétée.

Si nous supposons au contraire que, chez les animaux adultes, chaque tissu défini est arrivé au terme de son évolution différentielle, il n'y a plus de variation possible dans la nature protoplasmique de chaque élément, mais seulement des augmentations ou des diminutions quantitatives sans variation fonctionnelle. Or, chez un adulte, les réactions destructives des tissus contrebalancent leurs réactions constructives, puisque l'animal reste semblable à lui-même; et pour chaque tissu, qui ne varie plus, il faut parler d'assimilation pure et simple et non d'assimilation adaptative. La seule question qui se pose est donc de savoir quelles sont les conditions qui déterminent, dans les tissus, soit l'assimilation, soit la destruction.

Le même élément M, qui ne peut fonctionner que suivant sa nature M, fait partie successivement d'organes différents, car un homme ou un chat ne fait jamais deux fois de suite la même chose; suivant les fonctions successives dans lesquelles se décompose l'histoire de l'activité vitale de l'homme ou du chat, l'élément M accomplit donc sa fonction propre M, soit beaucoup, soit peu, soit pas du tout. S'il se détruisait en accomplissant sa fonction, le renouvellement fréquent de cette fonction tendrait à le faire disparaître, ce qui est contraire à la loi d'habitude. Les parties forgeantes d'un forgeron se développent à mesure qu'il forge. Au contraire, les muscles d'un oisif se détruisent en tant que muscles, et se chargent de réserves de graisse qui sont, nous l'avons vu, des produits de destruction.

Et, par conséquent, si, au point de vue descriptif, nous étions embarrassés pour savoir quelle est la fonction propre d'un tissu dans un organisme, nous nous en rendrions compte en étudiant les conditions dans lesquelles ce tissu se développe quantitativement en restant semblable à lui-même.

Nous sommes maintenant en mesure d'exprimer, dans toute sa généralité, la loi d'assimilation fonctionnelle, qui est la loi fondamentale de toute la biologie. Sur la foi de Claude Bernard, la plupart des physiologistes lui ont préféré la loi de *destruction fonctionnelle* qui veut que tout tissu qui fonctionne se détruise, pour assimiler ensuite au repos. Il est évident que Claude Bernard a établi cette loi *a priori* et sans mûre réflexion; elle rend incompréhensible la loi d'habitude et l'adaptation de l'organe à la fonction.

CHAPITRE XX

L'assimilation fonctionnelle, loi biologique générale.

Soit un corps vivant A formé de parties *a*, *b*, *c*, etc., qui sont susceptibles de se multiplier chacune pour son compte, mais qui ne sont pas susceptibles de varier dans leur nature propre, parce qu'elles ont atteint le terme de leur évolution différentielle, comme cela a peut-être lieu, par exemple, pour certains éléments histologiques d'un mammifère. Toute *fonction* déterminée chez le corps A définira un mécanisme composé de parties *a*, *b*, *c*, mais de telle manière que quelques-unes des parties *a*, quelques-unes des parties *b*, quelques-unes des parties *c* fonctionnent effectivement dans ce mécanisme suivant leur nature propre, que d'autres, au contraire, des parties *a*, *b* et *c* seront au repos fonctionnel dans le cas considéré. La loi d'assimilation fonctionnelle exprime que les premières seront le siège de phénomènes d'assimilation, les dernières, au contraire, le siège de phénomènes de destruction protoplasmique.

Si le corps vivant A est un être unicellaire, nous ne connaissons pas les parties *a*, *b*, *c*, etc., dont il est composé, et qui sont susceptibles de multiplication et de destruction indépendantes; sans cela, nous pourrions transporter à ces êtres unicellulaires, décomposés en *tissus*, la loi que nous venons d'exprimer. Notre ignorance des parties indépendantes *a*, *b*, *c* nous oblige à énoncer la même loi sous une autre forme, en disant : Si un ensemble B de circonstances définit dans le corps A la fonction $(A \times B)$, c'est en tant qu'organe de cette fonction ainsi définie que se développe et se multiplie le corps A tant que dure l'ensemble des conditions B définissant la fonction $(A \times B)$. Nous avons trouvé des exemples de cette loi dans l'augmentation de virulence des bactéries victorieuses.

Parmi les éléments histologiques d'un animal supérieur, il est probable que, à côté d'éléments histologiques arrivés au terme de leur évolution différentielle (éléments constructeurs du mécanisme d'ensemble), il y en a d'autres (phagocytes), qui sont susceptibles de variations au même titre que les organismes unicellulaires dont nous venons de parler. A ceux-là, on appliquera naturellement la loi d'assimilation fonctionnelle sous la seconde forme que nous venons de signaler, soit que la fonction qu'ils accomplissent soit définie directement par un ennemi colloïde personnel, soit que cette fonction soit définie indirectement par l'intermédiaire du mécanisme d'ensemble constitué par tout l'animal.

Ainsi qu'on peut le constater dans le cas où l'animal observé est décomposable en tissus qui peuvent se multiplier indépendamment, mais sans varier, la loi rigoureuse d'*assimilation fonctionnelle*, nous a amenés à appliquer, à des parties de l'ensemble, la loi d'*assimilation pure et simple* pendant les périodes de fonctionnement. J'essaierai de montrer, dans la cinquième partie de cet ouvrage, que les deux méthodes d'investigation employées dans la troisième et la quatrième parties conduisent à des résultats concordants, pourvu qu'on applique le langage de la première aux éléments susceptibles de multiplication indépendante, mais non de variation, éléments dans lesquels on peut toujours, effectivement ou théoriquement, décomposer le mécanisme des êtres plus complexes auxquels s'applique directement la seconde.

Et cette concordance des résultats obtenus par la méthode naturelle et la méthode artificielle d'investigation aura le résultat très utile de mettre d'accord les deux grandes écoles de biologistes, celle de Lamarck et celle de Darwin.

CINQUIÈME PARTIE

CONCORDANCE DES RÉSULTATS OBTENUS PAR LES DEUX MÉTHODES; ACCORD DU SYSTÈME DE DARWIN AVEC CELUI DE LAMARCK

CHAPITRE XXI

La sélection naturelle.

Il y a une différence capitale entre les deux méthodes dont nous avons développé l'exposition dans la troisième et la quatrième parties de ce livre.

Dans la première, nous avons considéré l'*assimilation pure et simple* comme une loi approchée, à cause des diverses *variations* dues à des actions destructives *quelconques*, et se superposant d'une manière *quelconque* aux résultats précis de l'assimilation rigoureuse.

Dans la deuxième, au contraire, nous n'avons pas séparé l'assimilation des variations; nous avons observé un résultat d'ensemble, une synthèse comprenant *toute l'activité* du corps vivant sous l'influence de toutes les circonstances ambiantes considérées à la fois, et nous avons constaté que les résultats ainsi établis sont soumis à la loi d'*assimilation fonctionnelle* qui a pour résultat immédiat l'*adaptation* des organismes aux milieux.

Avec la première méthode, nous considérions l'individu A comme se multipliant semblable à lui-même, et comme subissant ensuite des variations superposées, causées par l'influence des conditions ambiantes comprises dans le terme B. Avec la deuxième, nous ne savions plus ce qu'est l'organisme A lui-même; mais l'organe A de cet organisme, défini par la fonction représentée symboliquement dans la formule $(A \times B)$, se multipliait par assimilation fonctionnelle en tant qu'organe défini par la fonction $(A \times B)$ et donnait par conséquent d'emblée un résultat *adapté* au milieu B.

Pour employer la première méthode, nous nous en étions tenus à la considération de résultats d'ensemble exprimés dans le langage chimique des quantités de substance, sans nous préoccuper de l'existence d'un mécanisme colloïde servant toujours d'intermédiaire entre les actions extérieures et les phénomènes chimiques intimes; dans la seconde, au contraire, nous avons toujours considéré l'ambiance comme agissant uniquement sur le mécanisme et comme déterminant secondairement, par le moyen de ce mécanisme, des réactions chimiques dirigées, par là même, dans le sens de l'adaptation.

Mais puisque nous avons, dans les deux cas, étudié les mêmes faits, nous devons, malgré la divergence des méthodes employées, arriver à établir un accord entre les résultats. Nous y arriverons, en effet, grâce à un procédé de raisonnement qui est dû à Darwin et qui est appelé la *sélection naturelle.*

Darwin a borné son étude du monde vivant à la constatation des variations qui accompagnent la multiplication des êtres vivants, sans se préoccuper de la manière même dont se produisent ces variations. Lamarck, au contraire, avait rattaché les variations à la loi d'habitude, comme nous l'avons fait dans la quatrième partie de cet ouvrage. De telle sorte que, en essayant de mettre d'accord les résultats de nos deux méthodes d'investigation, nous réaliserons en même temps l'accord des deux grandes écoles évolutionnistes, celle de Lamarck et celle de Darwin.

Prenons toujours comme exemple la bactéridie charbonneuse, type bien étudié et permettant un exposé commode.

A la condition n° 1 (v. plus haut, p. 66), dans un bouillon convenable à 35 degrés centigrades, la bactéridie charbonneuse A se multiplie en restant rigoureusement semblable à elle-même. A la condition n° 2, dans de l'eau pure additionnée d'acide phénique, la bactéridie A se détruit petit à petit en variant dans ses propriétés. Dans un bouillon phéniqué, il y a superposition des deux phénomènes précédents, c'est-à-dire multiplication et variation tout à la fois. Et si l'on transporte les bactéridies qui ont varié dans un bouillon réalisant pour l'espèce la condition n° 1, elles se multiplient semblables à elles-mêmes avec les variations qu'elles avaient acquises pendant la période de destruction.

Voilà le fait général qui sert de base à toutes les explications darwiniennes : une espèce est soumise à des conditions quelconques qui lui permettent de continuer de vivre ; elle se multiplie avec des variations qui, une fois la cause de trouble supprimée, se conservent semblables à elles-mêmes jusqu'à ce qu'intervienne une nouvelle réaction destructive.

Lorsque la bactéridie se développe dans des milieux morts comme les bouillons de culture, nous n'avons aucun moyen rigoureux d'étudier les variations qu'elle subit ; nous devons, pour constater ces variations, employer le seul réactif précis qui soit à notre disposition, un organisme animal vivant, par rapport auquel nous saurons définir une propriété vraiment précise de la bactéridie charbonneuse, propriété que l'on appelle la *virulence de la bactéridie pour cet animal.*

Prenons donc une culture quelconque de bactéridies, culture dans laquelle se seront produites, sans que nous sachions comment, des variations dans divers sens. Injectons cette culture à un mouton. Voilà un cas vraiment darwinien, car les conditions dans lesquelles ont varié les bactéridies dans les milieux morts précédents, *n'ont aucun rapport direct avec l'aptitude à vivre dans le mouton.* Même, donc, si comme le veut

Lamarck, ces variations étaient directement adaptatives aux conditions dans lesquelles elles se produisaient, elles étaient *quelconques* par rapport au milieu intérieur du mouton qui réalise des conditions *différentes*.

Le mouton jouera ici le rôle d'un crible. Celles des bactéridies qui, *par hasard*, après les variations subies, se trouvent être virulentes pour le mouton, c'est-à-dire aptes à se conserver dans le mouton, se développeront dans le milieu intérieur de l'animal. Au contraire, celles qui, par hasard, après les variations subies, se trouvent ne pas être virulentes pour le mouton, mourront dans le milieu intérieur de l'animal puisque, par définition de la non-virulence, elles ne sont pas aptes à se multiplier dans ce milieu intérieur. Les bactéridies virulentes, se développant seules, tueront le mouton, et si, ensuite, on cherche dans le sang du mouton mort, on n'y trouvera plus que des bactéridies virulentes. Le mouton aura, je le répète, joué le rôle d'un *crible* qui ne laisse passer que les individus virulents, aptes à prospérer dans le mouton.

Voilà bien de l'adaptation après coup. Darwin a appelé *sélection naturelle* cette fonction de *crible* qui retient tous les individus non adaptés et les détruit, ne laissant passer que les individus adaptés. Herbert Spencer a donné au même phénomène le nom de *persistance du plus apte* qui équivaut à la première dénomination.

L'exemple que j'ai choisi est un cas de darwinisme pur, cela est évident ; nous avons en effet réalisé la sélection naturelle par un ensemble de conditions *différant* de celui dans lequel s'étaient produites les variations à sélectionner. Les variations entre lesquelles s'opérait le choix, étaient donc réellement fortuites par rapport au crible qui choisissait les individus à conserver.

Mais c'est là aussi un exemple factice. Il n'y a pas en général, dans la nature, des expérimentateurs qui se chargent de passer au crible d'un corps de mouton vivant les bactéridies ayant varié au hasard dans les bouillons ou milieux morts de culture. Nous avons étudié un cas de *sélection artificielle après coup*, mais ce cas était intéressant néanmoins, en ce qu'il posait nettement la thèse darwinienne, dans un cas où le lamarckien le plus convaincu ne pouvait nier que les variations fussent fortuites par rapport à l'appareil de sélection employé.

La véritable sélection *naturelle* est réalisée dans le cas où ce sont les conditions B, dans lesquelles se sont produites les variations considérées, qui sont en même temps l'instrument de sélection. Dans des conditions B, si l'on accepte la thèse darwinienne, les descendants A_1, A_2, A_3... etc., d'un corps vivant A, ont subi des variations *quelconques*, dues évidemment aux réactions produites par le milieu B, mais n'ayant néanmoins aucun rapport direct avec l'aptitude à vivre dans ces conditions B. Parmi ces descendants, les uns se trouveront, par hasard, *inaptes* à vivre dans les conditions B, et par conséquent mourront ; au contraire, d'autres, qui sont par hasard *aptes* à prospérer dans ces conditions se multiplieront semblables à eux-mêmes si les conditions ne changent plus.

Et ainsi, le résultat sera le même que dans la thèse lamarckienne, puisque les seuls individus qui resteront vivants seront adaptés aux conditions dans lesquelles ils vivent.

La bactéridie charbonneuse nous fournit un exemple de cette véritable sélection naturelle dans un cas expérimental célèbre. Dans l'expérience précédemment citée de Pasteur, Chamberland et Roux, expérience que nous avons racontée (p. 99) en langage lamarckien, une bactéridie dépourvue de virulence pour le mouton ou du moins, en ayant trop peu pour prospérer directement dans un mouton était encore capable de vivre dans une souris nouveau-née et de la tuer; on la faisait passer de là à une souris plus âgée, puis à une souris adulte, et ainsi de suite, et ses descendants étaient, en fin de compte, capables de tuer un mouton. Voici comment on raconte cette expérience dans le langage darwinien :

La bactéridie passant à travers les souris nouveau-née, âgée, adulte, rencontre toujours, pendant ces péripéties, le même crible *souris*, crible de plus en plus fin et précis à mesure que la souris avance en âge ; elle se multiplie dans ces conditions en subissant des variations *désordonnées*, *en tout sens*, variations qui n'ont aucune raison pour être dirigées dans le sens de la virulence croissante, plutôt que dans le sens de la virulence décroissante (c'est la thèse darwinienne, bien entendu). Mais parmi les bactéridies qui se multiplient ainsi, toutes celles qui ont, par hasard, subi une variation dans le sens de la diminution de virulence sont arrêtées par le crible souris qui les détruit, tandis que celles qui, également par hasard, ont subi une variation dans le sens de l'augmentation de virulence, passent à travers le crible souris et sont conservées. Et ainsi, la virulence augmente à mesure que se poursuivent les générations de bactéridies à travers les souris, c'est-à-dire, en présence du même crible réalisant sans cesse la même sélection.

Le résultat, l'augmentation de virulence, est donc le même que dans la thèse lamarckienne, pour tous les descendants survivants des bactéridies primitives. Rien, dans l'expérience que nous venons de signaler, ne permet de choisir une interprétation plutôt que l'autre, puisqu'aussi bien, nous ne constatons que le résultat final des choses.

Mais, dans le cas des bactéridies, il se produit un très grand nombre d'individus, sans que nous puissions faire le dénombrement de ceux qui sont morts par suite de mauvaise adaptation ; nous ne pouvons donc rien répondre aux darwiniens qui nous affirment, sur la foi de leur système d'interprétation, que beaucoup de bactéridies, ayant par hasard été mal douées pour la lutte, ont succombé au cours de nos expériences.

Il n'en est plus de même quand, au lieu des bactéridies, nous observons le mouton qui est leur hôte. Supposons en effet que, contrairement à ce qui se passait dans nos expériences précédentes, le mouton inoculé ait résisté au charbon ; il aura donc digéré et assimilé les bactéridies charbonneuses, ce qui prouve que, par définition, les bactéridies inoculées n'étaient guère virulentes pour lui. Mais, ce mouton guéri d'une première attaque bénigne de la maladie charbonneuse peut résister victorieusement à une seconde inoculation de bactéridies plus virulentes que les premières. Il sort de cette seconde bataille plus aguerri encore, et finalement, il se trouve capable de résister à l'inoculation des bactéridies les plus virulentes que nous ayons pu réaliser par des victoires successives sur des moutons non réfractaires.

Ici, il n'y a qu'un seul mouton ; c'est *le même* mouton qui, attaqué par des bactéridies de plus en plus virulentes, et ayant triomphé d'elles successivement, est devenu plus capable de résister à des bactéridies, même les plus virulentes qui soient. Il s'agit donc bien d'une adaptation *personnelle* à la lutte contre les bactéridies ; on ne peut pas considérer le mouton réfractaire comme ayant été trié, après coup, sur un grand nombre de moutons, dont quelques-uns, s'étant trouvés, suivant les hasards des variations, moins aptes à résister au charbon, seraient morts sous les coups répétés des bactéridies, tandis qu'aurait persisté celui d'entre eux que le hasard des variations aurait rendu apte à résister. En même temps que cette manière d'envisager les choses est inacceptable dans l'espèce, puisqu'il n'y a eu qu'un seul mouton engagé dans l'affaire, on voit aussi combien elle serait invraisemblable, même s'il y avait eu plusieurs moutons, à cause de la précision de ce caractère de l'immunité vis-à-vis du charbon. Il y a autant d'immunités spéciales qu'il y a de maladies microbiennes définies, et il faudrait admettre que le hasard donnerait toujours à quelques moutons, précisément ces qualités très précises.

On peut se tirer de cette difficulté et s'en tenir néanmoins à l'explication darwinienne, en considérant le mouton, non plus comme un individu unique et indivisible, mais comme un assemblage de cellules dont chacune peut être étudiée dans le langage que nous avons employé pour les bactéridies ; la lutte ne sera plus alors localisée entre le mouton et les microbes, mais entre les cellules du mouton et les microbes unicellulaires qui l'habitent. Si l'on suppose donc que toutes les cellules du mouton sont, comme les bactéridies, soumises à des variations fortuites, si quelques-unes sont, par hasard, rendues plus aptes à lutter contre le charbon, elles triompheront dans la lutte et se conserveront, grâce au crible *bactéridie charbonneuse*, qui détruira, au contraire, au fur et à mesure de leur production, ceux des éléments du mouton que le hasard a rendus inaptes à la lutte contre la bactéridie. Et ainsi, si le mouton survit, ce que nous avons supposé, il sera composé d'éléments histologiques *triés* sous l'influence de la bactéridie charbonneuse. Il sera donc plus apte à résister à une nouvelle inoculation de la terrible maladie.

Quelque fantaisiste que puisse paraître cette

application rigoureuse de la méthode darwinienne d'interprétation, elle nous met sur la voie d'une explication plus logique des faits. Du moment que nous avons voulu expliquer *l'adaptation individuelle* d'un être isolé, à des conditions nouvelles d'existence, nous n'avons plus considéré cet être comme une unité, mais comme une agglomération d'unités plus petites, susceptibles de multiplications et de destructions *indépendantes*. Et ainsi, en appliquant à ces petites unités, le procédé de narration qui est le langage de la sélection naturelle, nous sommes arrivés à concevoir l'adaptation de l'individu total.

Nous avons décomposé le mouton en cellules pour l'application de ce procédé ; en réalité, nous n'avons aucune raison de considérer les cellules comme étant les plus petites unités susceptibles de multiplication et de destruction indépendantes. Les faits, connus aujourd'hui, d'adaptation possible chez un être unicellulaire isolé, nous amènent au contraire à penser que la cellule elle-même doit être, si l'on veut lui appliquer les interprétations darwiniennes, considérée comme une agglomération de parties plus petites auxquelles est applicable le langage darwinien. Mais alors, la bactéridie charbonneuse elle-même, sera considérée par nous comme un mécanisme, et par suite, capable d'adaptations individuelles résultant de variations dans sa construction au moyen d'unités plus petites.

Par conséquent, si nous appliquons le langage darwinien aux unités indépendantes qui entrent dans la composition de la cellule, nous verrons cette cellule se comporter exactement comme le veut la théorie de Lamarck; c'est-à-dire que, étant soumise longtemps à des conditions déterminées, sous l'influence desquelles elle continue de vivre, elle finira fatalement par être adaptée à ces conditions autant que sa nature le lui permet; il y aura en elle des assimilations et des destructions partielles qui, guidées par la sélection naturelle, auront finalement transformé son mécanisme dans le mécanisme qu'il faut.

Mais le résultat ne sera obtenu que si le corps vivant considéré *a continué de vivre* ; lorsque nous soumettons un être à des conditions nouvelles, nous ne savons pas d'avance s'il n'en mourra pas. Tout ce que nous pouvons affirmer, c'est que, s'il n'en meurt pas, il s'y habituera autant que le lui permet son mécanisme ; on ne fait que ce qu'on peut.

Ainsi, par un subterfuge, en appliquant la méthode darwinienne, non plus directement aux individus vivants, mais aux plus petites unités indépendantes qui entrent dans la constitution de ces individus, nous avons mis d'accord la théorie de Darwin et celle de Lamarck, la sélection *après coup* des variations fortuites, et l'adaptation directe. Mais ce n'est qu'un subterfuge, et en agissant ainsi nous avons en réalité adopté entièrement les vues de Lamarck qui veut que le milieu agisse sur l'intimité des tissus d'un être vivant par l'intermédiaire du mécanisme qu'est cet être vivant.

Un grand paléontologiste américain, Cope, sans entrer dans les considérations que je viens d'exposer, avait admis qu'il peut y avoir deux méthodes de variation pour les êtres vivants, la *cinétogenèse* et la *physiogenèse*.

La première ou genèse des variations par le mouvement, comprenait les cas dans lesquels l'influence du milieu ambiant met d'abord en branle le mécanisme total de l'individu, et n'agit que secondairement, par l'intermédiaire de ce mécanisme, sur les plus petites unités indépendantes de l'individu, sur sa constitution chimique, en un mot.

C'est la variation lamarckienne.

La deuxième, ou genèse directe des variations, comprenait les cas dans lesquels l'influence du milieu ambiant s'exerce directement sur les plus petites unités indépendantes, sans passer par l'intermédiaire du mécanisme ; ces variations sont donc *quelconques* par rapport au mécanisme ; quelques-unes peuvent lui être favorables, d'autres défavorables, suivant les hasards.

C'est la variation darwinienne, dans laquelle intervient seulement une sélection après coup, une adaptation secondaire par disparition des individus non adaptés.

Un exemple grossier fera comprendre la différence de ces deux catégories. Voici un piège à rats dont le ressort est bandé. Si j'actionne le ressort, le piège fonctionne en tant que piège, manifeste son mécanisme ; j'ai agi sur le piège de la manière qui correspond à la cinétogenèse de Cope. Si au contraire, sans toucher au mécanisme, je donne une couche de peinture aux divers morceaux de l'appareil, je le traite comme un objet quelconque qui ne serait pas ce piège à rats; j'agis par physiogenèse. L'exemple est mauvais puisque le piège n'est pas vivant; ayant fonctionné comme piège il est devenu inapte à recommencer[1], tandis que le mécanisme vivant, après qu'il a fonctionné, est plus apte à fonctionner de nouveau. Mais nous ne pouvons pas trouver, en dehors du monde vivant, des appareils doués d'assimilation fonctionnelle.

En réalité, si l'on cherche des exemples de physiogenèse dans la nature, on a bien de la peine à en trouver; ce que Cope a appelé cas de physiogenèse, ce sont bien souvent des cas dans lesquels l'action directe du milieu se produisait sur les cellules constitutives d'un animal, au lieu de se produire directement sur son mécanisme d'ensemble. Mais la cellule est un mécanisme colloïde, et, si la cellule est impressionnée en tant que mécanisme, la variation qui en résulte pour ses éléments chimiques est directement adaptative; c'est de la *cinétogenèse cellulaire*, mais c'est de la cinétogenèse tout de même.

Le seul cas d'une action vraiment physiogénétique est celui dans lequel l'agent qui détermine l'activité vitale est une substance chimique dissoute (et non colloïde), capable d'impressionner *directement* les éléments chimiques qui entrent dans la constitution des protoplasmas. Tel serait,

1. Un piège à rat serait vivant, si, en se détendant, dans son fonctionnement normal, il imprimait à ses substances constitutives une activité chimique dont le résultat serait de tendre le ressort plus vigoureusement qu'il ne l'était précédemment.

par exemple, le cas d'une injection de morphine à un mammifère. Et cependant, un mammifère isolé peut s'habituer à la morphine, ce qui donne au phénomène une apparence lamarckienne. Ce résultat tient à la réversibilité établie entre les phénomènes chimiques et les états colloïdes des protoplasmas, réversibilité que nous avons déjà signalée plus haut en montrant qu'il y a des relations de cause à effet entre l'équilibre colloïde proprement dit et l'équilibre chimique réalisé par les particules de ce colloïde et leur solvant.

Rappelons en quelques mots ces questions d'équilibre entre les mécanismes de diverses dimensions ; cela nous donnera de l'adaptation individuelle une explication plus scientifique que celle qui résulte de l'application après coup de la sélection naturelle aux variations des plus petites unités indépendantes.

CHAPITRE XXII

Équilibre et habitude.

L'homme ou l'animal supérieur peut être considéré comme un mécanisme à trois degrés ; comme un *mécanisme* de *mécanismes* de *mécanismes*.

Il est d'abord mécanisme à l'échelle même de son corps, ou mécanisme anatomique. L'homme a des bras, des jambes, des articulations, des muscles, des tendons, etc. ; ce sont là les rouages de son mécanisme anatomique. Entre ces divers rouages, existent des communications établies par le système nerveux, qui est comparable à un réseau de conducteurs électriques transmettant des ordres de mise eu train ou de suspension de mouvements dans une machine industrielle, et par ce côté-là déjà, le mécanisme anatomique cesse d'être entièrement à l'échelle de l'homme, car les transmissions nerveuses ne sont pas visibles directement et sont de l'ordre de grandeur des phénomènes colloïdes.

Sauf peut-être les os, qui, dans l'exécution d'un grand nombre de mouvements, semblent se comporter comme des leviers rigides, comparables aux bielles d'une machine à vapeur, toutes les autres parties du mécanisme anatomique ne manifestent leur activité d'ensemble que comme une synthèse de mouvements plus petits qui sont de l'ordre colloïde ou protoplasmique. Quand un muscle se contracte, la substance musculaire qui la constitue change d'état colloïde ; ces deux phénomènes, contraction du muscle et changement d'état colloïde de son protoplasma, sont si intimement unis par des relations de cause à effet que l'on doit y voir, rigoureusement, un seul et même phénomène étudié à deux échelles différentes. Mais, par rapport à l'homme, le phénomène anatomique a seul une signification immédiate ; il constitue la manifestation *locomotrice*, et met l'animal en relation directe avec les objets extérieurs décrits à l'échelle de l'homme.

« Je prends ma plume, je la trempe dans l'encrier, j'écris » ; voilà des phénomènes qui se passent à l'échelle de l'homme, et qui sont susceptibles d'une narration purement anatomique, celle que je viens de donner, à la ligne précédente, dans le langage humain. Un observateur qui serait de l'ordre de grandeur des corpuscules colloïdes décrirait tout autrement le même phénomène ; il n'y aurait plus dans sa narration, ni plume, ni encrier, ni main, ni écriture ; seule l'encre resterait pour lui de l'encre ; cet observateur raconterait des changements dans la distribution des particules qui sont à son échelle, et l'acte, si simple pour nous hommes, que je viens de raconter, serait pour lui une histoire incompréhensible de chaos astronomiques..

Ce serait pourtant le *même* phénomène, mais observé dans les mécanismes colloïdes, et, comme son adaptation est de l'ordre de grandeur de l'homme, elle échapperait à l'observateur colloïde qui est trop petit pour connaître les synthèses humaines.

Si, au contraire, il s'agissait de la lutte d'une toxine contre un élément histologique, le phénomène étant précisément d'ordre colloïde, l'observateur colloïde le raconterait d'une manière très simple et très claire, tandis que pour nous hommes, la fabrication de sérums antitoxiques est une pure merveille. Cependant, grâce surtout au génie de Willard Gibbs, nous savons maintenant parler des phénomènes qui se passent à une échelle plus petite que la nôtre dans le langage synthétique de l'équilibre. Il est d'ailleurs plus facile de faire des synthèses à une échelle plus petite que la sienne propre qu'à une échelle plus grande ; s'il y a un être formé de nébuleuses comme nous sommes formés de colloïdes, nous sommes aussi désarmés devant l'étude synthétique de son histoire que l'était notre observateur colloïde de tout à l'heure vis-à-vis de notre étude à l'échelle humaine.

Pour l'observateur à l'échelle colloïde, il y aurait encore des phénomènes trop petits et qu'il ne pourrait raconter directement dans un langage à son échelle ; ce sont les phénomènes chimiques ; ils sont, pour l'observateur colloïde, ce que sont les colloïdes pour nous, observateurs humains ; mais, dans les substances vivantes, au moins, les mouvements chimiques peuvent être liés aux mouvements colloïdaux, comme nous avons constaté tout à l'heure que les mouvements colloïdaux sont liés aux mouvements anatomiques, par des relations de cause à effet tellement étroites, que le phénomène chimique et le phénomène colloïde ne sont que des expressions, à deux échelles différentes, d'une seule et même activité.

Voilà donc trois échelles distinctes, auxquelles il est possible de se placer pour envisager l'activité de l'animal ou de l'homme, l'échelle anatomique, l'échelle colloïde, l'échelle chimique ; à ces trois échelles, on rencontre des mécanismes différents, le mécanisme chimique, le mécanisme colloïdal, le mécanisme anatomique, et nous savons qu'il existe des relations de cause à effet entre les activités de ces mécanismes d'échelle différente. Du moins, cela est-il évident pour le mécanisme colloïdal et le mécanisme anatomique ; c'est moins certain pour le mécanisme chimique et le mécanisme colloïdal ; peut-être certains mouvements de l'échelle colloïde, certaines modifications de l'état colloïdal d'un protoplasma, peuvent-ils se produire sans altérer l'état chimique de quelques-uns au moins de ses constituants chimiques ; le retentissement des variations colloïdales sur les composés chimiques est limité à ceux d'entre ces composés qui, dans les conditions de la vie, sont, par rapport à l'état colloïdal, dans des conditions analogues à celles du carbonate de chaux, au-dessus de 960 degrés centigrades, par rapport à la température et à la pression. Les faits que nous étudierons plus tard nous prouveront que ce cas est le plus souvent réalisé.

Ainsi, l'*équilibre* du mécanisme animal peut être étudié à trois échelles différentes, l'échelle chimique, l'échelle colloïde et l'échelle anatomique ; évidemment donc, nous devrons rencontrer trois catégories de *causes* d'activité, de *ruptures d'équilibre* déterminant la mise en train du mécanisme. Il y aura des *causes* de l'ordre de grandeur anatomique, des *causes* colloïdes et des *causes* chimiques.

Les causes anatomiques sont tous les corps que nous décrivons dans le monde ambiant, à notre échelle humaine ; les pierres, les arbres, obstacles à notre locomotion, le vent, la pluie, etc. A ces causes nous répondrons par des mouvements anatomiques dont l'*adaptation* à la conservation de notre vie est ce que nous appelons l'instinct de la conservation. Ces mouvements anatomiques s'accompagnent naturellement de mouvements colloïdaux et chimiques, mais c'est à l'échelle anatomique que nous apprécions leur utilité; ce sont là les fonctions anatomiques ou de mécanisme d'ensemble.

Les causes de l'ordre de grandeur colloïde sont celles qui agissent directement sur les états colloïdes de nos protoplasmas et n'ont aucun rapport immédiat avec notre mécanisme anatomique. Tels sont les vibrations sonores, les aliments (saveur), les toxines, etc., et peut-être aussi les phénomènes électriques.

Dans certains cas, l'activité résultant de ces causes, se cantonne dans le domaine colloïde; cela a lieu, par exemple, lorsqu'une toxine ou une substance alimentaire est injectée dans le milieu intérieur d'un animal. Ce sont des phénomènes colloïdes qui suivent l'injection, et le résultat utile est également colloïde (fabrication d'un sérum antitoxique).

Dans d'autres cas, l'activité due à une cause colloïde retentit sur le mécanisme d'ensemble et détermine des mouvements anatomiques; la saveur d'un aliment nous détermine à l'avaler ou à le rejeter de notre bouche; une note discordante nous fait grincer des dents, et même nous met en fuite.

Les causes de l'ordre de grandeur chimique sont celles qui peuvent agir *directement* sur la chimie de nos substances constitutives; telles sont, les solutions chimiques, les radiations lumineuses ou thermiques, etc. Encore ne savons-nous jamais si ces causes n'agissent pas, directement aussi, sur l'état colloïde de nos protoplasmas; une solution chimique possède des propriétés physiques, électriques, par exemple, qui peuvent agir sur l'état colloïde; de même les radiations lumineuses ou thermiques. Le problème est délicat de savoir quelle est l'action vraiment spécifique d'un réactif donné.

Une injection de morphine, par exemple, doit vraisemblablement son activité particulière à sa nature chimique; il est probable qu'elle agit directement sur la chimie de nos protoplasmas, et par conséquent, si une activité colloïde en résultait, ce serait *secondairement*, parce que les modifications apportées dans la chimie des éléments constitutifs se trouveraient être de celles qui retentissent sur l'équilibre colloïde. Nous constatons en effet qu'il n'y a pas de sérum antimorphinique, et cela se comprend aisément. L'action de la morphine étant chimique, l'habitude qui en résulte est d'ordre chimique. Alors, de deux choses, l'une :

Ou bien la modification résultante ne retentit pas sur le mécanisme colloïde, (ce serait un cas de la physiogenèse de Cope), et alors, il est tout naturel que les protaplasmas habitués à la morphine, n'ayant pas éprouvé de modification colloïde, n'influencent pas l'état colloïde du sérum qui les baigne.

Ou bien la modification résultante a une répercussion sur le mécanisme colloïde des protoplasmas; alors, il est possible qu'une modification correspondante soit transmise au sérum par le protoplasma ; mais ce sera une modification *colloïde* qui n'aura aucune raison pour avoir un rapport quelconque avec la nature chimique de la morphine, et qui ne sera pas *antimorphinique*. De même, la piqûre d'une vipère nous amène à nous tordre de douleur et à pousser des cris, phénomènes d'ordre anatomique dont le résultat est nul vis-à-vis du venin de la vipère.

La lutte contre une cause d'action ne peut se faire efficacement qu'au moyen de phénomènes de la même échelle de grandeur. On lutte contre les obstacles mécaniques par des mouvements anatomiques, contre les ennemis colloïdaux par des modifications protoplasmiques, contre les agents chimiques par des réactions chimiques. Mais, dira-t-on, on peut lutter contre le venin de la vipère par la fuite qui est un mouvement locomoteur ; ce n'est pas contre le venin lui-même que l'on se défend ainsi, mais contre l'inoculation du venin, phénomène anatomique ; de même on évite l'asphyxie, phénomène d'apparence chimique, en s'éloignant des lieux où l'air est irrespirable.

Ce qui, précisément, est tout à fait admirable chez les animaux actuels, c'est l'*instinct* qui les pousse à éviter, par des moyens locomoteurs, de livrer des combats colloïdes ou chimiques, dans lesquels ils *savent* qu'ils courraient risque d'être vaincus. La question correspondante ne nous intéresse pas actuellement ; nous la traiterons avec celle de l'origine des espèces.

En résumé, l'animal[1] est un mécanisme à trois degrés et peut, par suite, être soumis à des causes d'action de trois dimensions ; en d'autres termes, il est en équilibre avec trois ordres de phénomènes qui, dans la nature, peuvent être indépendants les uns des autres. Il établit ainsi par l'intermédiaire des liaisons qui unissent ses trois mécanismes, des relations de cause à effet, entre des phénomènes qui, sans lui, se seraient trouvés isolés les uns des autres ; l'animal est un *centre du monde*. Par l'intermédiaire de l'homme, les mouvements des astres et les activités intramoléculaires peuvent être amenés à collaborer à une même activité !

Le génie de Lamarck a mis en évidence ce fait de première importance que le milieu agit sur les animaux par l'intermédiaire du mécanisme de ces animaux ; nous venons de voir que ce mécanisme intermédiaire peut être envisagé à trois échelles différentes. Tous les phénomènes de la biologie se réduisent à des établissements d'équilibre, d'une part entre les mécanismes vivants et les phénomènes extérieurs qui sont à la même échelle, d'autre part entre les trois ordres de mécanismes qui existent, unis par des liens de cause à effet, dans un même animal vivant.

Le phénomène d'équilibre prend, dans l'animal vivant, une forme particulière, caractéris-

1. Je prends toujours des animaux comme exemples ; tout ce que j'ai dit est également vrai chez les végétaux, mais chez eux le mécanisme anatomique a généralement une très minime importance.

tique de la vie; c'est l'habitude: l'habitude chez les êtres vivants, l'équilibre pur et simple chez les êtres inanimés, sont les deux facteurs de ce que nous appelons l'harmonie universelle.

SIXIÈME PARTIE

TROISIÈME POINT DE VUE
LE POINT DE VUE ÉNERGÉTIQUE

CHAPITRE XXIII

L'étude de la vie au point de vue de la conservation de l'énergie ne nous apprend rien de nouveau, mais nous démontre une fois de plus que la vie est un phénomène soumis aux lois de la mécanique.

L'une des conquêtes les plus importantes de la science humaine au XIXe siècle a été la découverte des principes d'*équivalence*, qui se résument dans la loi générale de la conservation de l'énergie. L'énergie se manifeste dans le monde sous un grand nombre de formes, la forme mécanique, la forme thermique, la forme électrique, la forme chimique, etc. Quand, dans un système de corps formant un ensemble complet, c'est-à-dire, dans un système qui n'emprunte ou ne cède rien à son ambiance, il disparaît une certaine quantité d'énergie connue sous l'une des formes précédemment énumérées, il en apparaît, sous les autres formes possibles, des quantités correspondantes, telles que la somme de toutes ces quantités nouvelles, multipliées, chacune pour son compte, par un coefficient constant, reproduise intégralement la quantité disparue.

L'énergie perdue par une chute d'eau se retrouve intégralement dans l'échauffement de cette eau et des pierres de son lit, et, d'une manière bien plus facile à constater et à mesurer, dans l'énergie électrique d'une dynamo actionnée par elle, ou dans l'énergie chimique des accumulateurs chargés par cette dynamo.

Les anciennes idées sur la vie, datant d'une époque où les principes d'équivalence n'étaient pas connus, sont naturellement en contradiction avec la loi nouvelle de la conservation de l'énergie. C'est l'observation incomplète des corps vivants qui a fait naître dans le cerveau de nos ancêtres le problème du mouvement perpétuel, problème dont la science moderne a démontré la vanité, et qui consistait à trouver un moyen de faire produire, à un système isolé, un travail mécanique continu, sans aucune dépense d'une provision quelconque d'énergie.

Le théorème actuel « Rien ne se fait avec rien », s'applique aux faits biologiques comme aux faits de la mécanique, de la physique et de la chimie. Seulement, il faut bien se garder de considérer l'être vivant comme formant, dans l'étendue de son corps envisagé seul, un système énergétique *complet*[1].

A chaque instant, il est vrai, le corps de l'individu occupe une place limitée de l'espace, et est susceptible d'une description totale; mais nous savons que ce corps A n'a pas en lui tous les éléments de son activité ; le fonctionnement d'ensemble de l'animal au moment étudié, doit au contraire, nous l'avons vu, être représenté par la formule symbolique (A × B), formule dans laquelle le terme B représente l'ensemble des conditions extérieures qui interviennent dans la détermination de ce fonctionnement. C'est seulement dans cet ensemble (A×B) que peut se vérifier la loi de la conservation de l'énergie.

L'animal reçoit à chaque instant de l'extérieur des radiations (lumineuses, thermiques) des substances chimiques (oxygène), et rend à l'ambiance des radiations (chaleur rayonnée) et des substances chimiques (vapeur d'eau, acide carbonique). Encore ai-je laissé de côté, dans cette énumération, parce que ces échanges se font chez les animaux supérieurs d'une manière intermittente, les échanges alimentaires qui sont les plus importants de tous (absorption d'aliments, émission d'excréments). Il y a aussi les vibrations sonores, les impressions olfactives, etc. L'animal n'existe pas sans son milieu.

L'être vivant ayant, comme nous l'avons vu dans les précédentes parties de cet ouvrage, trois échelles différentes d'activité, sera un admirable

1. A propos des *systèmes complets*, v. mon livre *Les lois naturelles*, Paris, F. Alcan.

transformateur d'énergie. De même que, tout à l'heure, dans l'exemple de la chute d'eau chargeant des accumulateurs, la dynamo était un intermédiaire entre l'énergie mécanique de l'eau tombante et l'énergie chimique des lames de plomb oxydé, de même, dans l'être vivant, le mécanisme colloïde est un intermédiaire entre les phénomènes chimiques et les phénomènes mécaniques.

Et lorsqu'on voudra comparer, au point de vue de la conservation de l'énergie, deux états successifs d'une machine vivante, il faudra tenir compte, en même temps que des emprunts faits à l'ambiance, des provisions d'énergie mécanique, d'énergie colloïde et d'énergie chimique accumulées dans l'individu aux deux moments que l'on a choisis pour les comparer. Cela sera très compliqué. Il n'est pas facile de mesurer, lorsqu'un forgeron a forgé deux heures, la quantité de travail mécanique qu'il a fourni, la quantité d'oxygène, de réserves, et d'aliments qu'il a consommée, la quantité de muscle qu'il a construite par assimilation fonctionnelle, la quantité de sueur, de vapeur d'eau, d'acide carbonique, etc., qu'il a perdue. Et cependant, tout cela est nécessaire pour l'établissement de la balance des profits et pertes.

Ce qui est plus difficile à mesurer, je dirai même que cela est impossible, c'est la consommation des réserves localisées dans les tissus et la fabrication de substance vivante, de substance musculaire par exemple. Nous ne pouvons connaître par la balance que le poids total de l'individu, et si, dans son intérieur, il y a eu substitution de substance vivante à des substances de réserve, nous ne pouvons pas nous en assurer. Aussi devons-nous faire des expériences qui durent très longtemps pour connaître la valeur alimentaire de certaines substances, ce qui est le côté pratique des études énergétiques en biologie.

Je n'insiste pas ici sur ce problème très intéressant ; il me suffira, pour prouver qu'il est difficile à résoudre, de signaler les divergences d'opinion qui subsistent entre les savants au sujet de l'*alcool.* L'alcool est-il un aliment ? En d'autres termes est-il susceptible d'être transformé, dans l'organisme d'un animal, en une autre forme d'énergie, forme chimique (réserves ou tissus vivants) ou forme mécanique (travail). Je crois qu'il est difficile de répondre négativement à cette question, mais il est difficile aussi d'étayer par des expériences indiscutables, une réponse positive. On pourra toujours se demander si c'est l'alcool lui-même qui a été employé comme aliment ou si sa présence dans l'économie a déterminé une consommation partielle de la provision de réserves sur laquelle nous ne pouvons exercer aucun contrôle direct.

Une autre difficulté, peut-être plus considérable encore, vient de notre impossibilité de mesurer les *états colloïdes* et de les comparer les uns avec les autres ; une variation dans l'état colloïde d'une cellule nerveuse, si elle ne s'accompagne pas de phénomènes chimiques, peut sans aucune modification du poids de l'individu, changer sa valeur énergétique. Et si elle s'accompagne de phénomènes chimiques, ces phénomènes consistent en des échanges entre les cellules et le milieu intérieur, échanges qui ne s'accompagnent pas non plus de modification du poids total.

Pour employer une comparaison grossière, mais faisant image, on peut dire que les variations dans l'état colloïde d'un protoplasma sont analogues à des variations dans la tension d'un ressort, variations qui ne s'accompagnent pas d'un changement de poids.

Quand un animal qui paraît inerte, c'est-à-dire qui n'exécute pas de mouvements anatomiques apparents, reçoit de l'extérieur par ses organes des sens, des impressions lumineuses, sonores, olfactives, etc., on pourrait croire que ces apports extérieurs d'énergie sont venus s'éteindre en lui sans produire de modification vérifiant le principe de l'équivalence; mais les phénomènes de transmission nerveuse centripète, s'ils ne sont pas suivis d'influx centrifuge déterminant des mouvements anatomiques, se répandent et se perdent dans sa substance cérébrale, en modifiant, sur leur trajet, des états colloïdes, *en tendant des ressorts*, pour employer notre comparaison de tout à l'heure. L'animal est au courant de ces modifications d'état colloïdes produits dans ses cellules nerveuses; elles lui donnent la *mémoire* des impressions reçues; nous étudierons ultérieurement ces phénomènes. Le cerveau est donc un accumulateur; cet accumulateur peut se décharger ensuite de diverses manières, soit sous forme extérieure et mécanique (mouvements anatomiques), soit sous forme purement intracérébrale, en se transformant en d'autres états colloïdes ou en déterminant des phénomènes chimiques. De même, des phénomènes chimiques intracérébraux peuvent s'accompagner de mouvements colloïdes qui ne sortent pas du cerveau. Alors, ces phénomènes ne sont connus que de l'être qui en est le siège ; ils se traduisent pour lui par des pensées. Ces pensées peuvent être suivies d'actes mécaniques (mouvements anatomiques) si les influx ou transmissions de variations colloïdes sortent du cerveau ; elles se manifestent alors à l'extérieur. Et l'observateur étranger, qui n'avait aucun moyen de connaître les phénomènes tant colloïdes que chimiques qui se passaient dans le cerveau de l'animal observé, ignorant l'origine véritable de ces mouvements anatomiques, peut croire à leur *spontanéité*, c'est-à-dire imaginer que l'animal *a fait du travail avec rien.*

Les quelques considérations précédentes suffisent pour faire comprendre l'origine de l'erreur encore si répandue en dehors du monde scientifique, que les animaux peuvent *créer* du mouvement, alors qu'ils ne sont que des transformateurs admirables soumis comme tous les transformateurs aux principes d'équivalence.

L'étude directe des transformations qui se produisent dans des ensembles aussi complexes que l'homme ou les mammifères est impossible ; chacun d'eux comprend plusieurs trillions de cellules, et ces cellules réagissent les unes sur les autres, ce qui rend extrêmement compliqués les phénomènes d'ensemble qui en résultent. Nous aurons avantage à étudier les manifestations de la vie chez les êtres réduits à une seule cellule, en choisissant même parmi eux ceux qui se prêtent le mieux à l'analyse de chacune d'elles.

LIVRE II

LES FAITS

SEPTIÈME PARTIE

COMPARAISON DES PHÉNOMÈNES VITAUX AVEC LES PHÉNOMÈNES DE LA NATURE BRUTE

CHAPITRE XXIV

Morphologie de la cellule et ses mouvements.

Tous les êtres vivants sont formés de cellules; quelques-uns n'en comprennent qu'une; ce sont les plus simples au point de vue de la structure; du moins en est-il, parmi eux, qui sont très simples; c'est de ceux-là que nous allons parler en commençant ce second livre.

La cellule, observée au microscope, peut, malgré la grande diversité des formes spécifiques, être ramenée à un type constant, quant à ses parties fondamentales. Le protoplasma vivant est, effet, divisé en trois parties essentielles : au centre, le *noyau* ou *nucleus:* autour du *noyau*, le *cytoplasma;* autour du *cytoplasma*, la *membrane,* qui ne doit être considérée souvent que comme un aspect particulier du cytoplasma périphérique au contact du milieu ambiant.

Telles sont les parties *vivantes* de la cellule. On remarque souvent, au sein du cytoplasma, des inclusions de nature étrangère; ce sont, soit les vacuoles digestives dont nous avons déjà parlé, soit des granules de substances de réserve.

La membrane s'encroûte souvent aussi de substances non vivantes; quelquefois même, elle s'entoure d'une couche plus ou moins épaisse de matière morte, souvent très rigide et très minéralisée; on donne le nom de *coque* à cette enveloppe protectrice formée de substances brutes.

La membrane, au sens que nous avons défini, de couche périphérique du cytoplasma, ne manque jamais; certains auteurs parlent quelquefois d'êtres unicellulaires n'ayant pas de membrane; il faut entendre par là que la couche périphérique du cytoplasma, quoiqu'existant forcément, ne prend pas, au contact de l'ambiance, un aspect assez différent de celui du cytoplasma, pour mériter, dans une description, une mention spéciale.

Le plus souvent, le cytoplasma, observé à de forts grossissements, manifeste une structure assez complexe; on y distingue des parties plus fluides remplissant les mailles d'un réseau formé de parties moins fluides. Ce que nous avons dit précédemment de la division du travail physiologique, nous permet de comprendre qu'il en doive être ainsi; il y a une véritable histologie du cytoplasma, mais elle n'est pas facile à étudier.

Hæckel a décrit, sous le nom de *monères*, des

cellules dépourvues de noyau, et réduites à un cytoplasma homogène; il ne semble pas que les progrès des méthodes d'observation permettent de continuer à croire aux monères de Hæckel.

Dans d'autres espèces, au contraire, on a décrit un noyau tellement volumineux qu'il peut être considéré comme remplissant toute la cellule; mais là néanmoins il reste du cytoplasma.

Au point de vue des dimensions, il y a, entre les diverses espèces unicellulaires des différences prodigieuses; certains *rhizopodes* sont assez gros pour être vus à l'œil nu; quelques *micrococcus* sont tellement petits, que, *même aux plus forts grossissements*, ils se voient comme un véritable point géométrique; encore faut-il qu'ils soient fortement colorés par des réactifs appropriés.

On parle même couramment, depuis quelques années, de *microbes invisibles;* ce sont des êtres tellement petits que, même aux plus forts grossissements, on ne peut pas les apercevoir. On a néanmoins pu les cultiver dans des bouillons, où l'on remarque leur multiplication grâce à leur action sur certains colloïdes ou sur certains êtres vivants; on ne les connaît que par leurs effets. On est certain qu'ils sont vivants, puisque, étant donnée une goutte de la culture où on suppose qu'ils vivent, on peut, en semant cette goutte dans autant de bouillon qu'on le voudra, obtenir autant qu'on le voudra, d'une culture ayant les mêmes propriétés pathogènes ou diastasiques que la première. Ces êtres très petits ne sont connus, par conséquent, que grâce au phénomène fondamental d'*assimilation.*

Certains auteurs ont cru que ces êtres mystérieux, doués d'assimilation, ne sont pas visibles parce qu'ils n'ont pas de forme, parce que, en d'autres termes, leur substance vivante est *soluble* dans les liquides où elle vit. Si une telle assertion avait pu se vérifier, cela aurait remis en question la généralité de la notion de structure cellulaire.

Mais, il semble qu'il faille y renoncer.

En employant des filtres à pores assez fins, on a pu arrêter au passage tous les microbes invisibles connus, et stériliser leurs cultures. Il reste donc établi, jusqu'à plus ample informé, que tous les êtres vivants ont une forme, même quand ils sont trop petits pour être connus directement par l'observation microscopique.

Néanmoins, l'existence de ces espèces extrêmement petites enlève à la notion de *dimension cellulaire* toute sa valeur; il y a des *rhizopodes* unicellulaires qui sont aussi grands par rapport aux microbes invisibles, que l'est le chameau par rapport à un globule de son sang.

Ce qui reste important, dans l'idée de cellule, c'est, abstraction faite des *monères* de Haeckel et des espèces trop petites pour qu'on ait pu connaître leur structure, la notion de petites masses vivantes isolées, douées d'assimilation et formées de substances colloïdes que leur état permet de répartir en deux groupes, les substances nucléaires au centre, les substances cytoplasmiques à la périphérie. Dans tous les cas où leur structure est bien connue, les cellules vivantes doivent donc être considérées comme formées de deux parties colloïdes distinctes, comme une pile électrique élémentaire contient un zinc et un cuivre.

Cette comparaison est même peut-être plus approchée qu'on ne l'a cru jusqu'à présent; peut-être y a-t-il des différences d'ordre électrique entre le protoplasma cytoplasmique et le protoplasma nucléaire. L'affinité plus grande du noyau pour les couleurs basiques d'aniline, serait même une preuve de ces différences d'ordre électrique, si l'on s'en rapporte aux beaux travaux de Jean Perrin sur l'électrisation de contact et sur la nature du rôle des substances appelées *mordants* par les teinturiers.

Quoi qu'il en soit de ces rapprochements encore un peu prématurés aujourd'hui, nous retrouverons plus loin, dans presque tous les phénomènes vitaux, un dualisme analogue à celui des deux électricités, et qui se traduit dans les manifestations *sexuelles* si générales dans toute l'étendue de la biologie.

En attendant, cette comparaison avec une pile électrique nous permet de faire encore une remarque au sujet de la dimension des cellules; on peut fabriquer des éléments de pile aussi grands que l'on veut, ayant une surface très considérable; on peut aussi en fabriquer de très petits et les laisser isolés ou les associer; si on les associe en quantité, on obtient l'équivalent d'un élément unique à grande surface; si on les associe en tension, on obtient un résultat que ne saurait produire un élément unique, si grand qu'il soit. De même, nous connaissons des cellules très grandes, visibles à l'œil nu. Nous en connaissons de très petites, invisibles même au microscope. Nous connaissons aussi des êtres formés d'agglomérations de cellules et qui, le plus souvent, à cause même de cette agglomération, se montreront capables de produire des effets qu'un être unicellulaire ne produit jamais, quelque volumineux qu'il puisse être.

La description des divers types cellulaires appartient aux traités de zoologie, de botanique ou d'histologie. Nous devrions cependant en donner ici trois ou quatre, choisis parmi les plus remarquables, pour donner une base concrète à nos déductions; mais, les dimensions de volume ne le permettant pas, nous supposerons que le lecteur connaît déjà un certain nombre de types d'êtres vivants, auxquels il peut se reporter par la pensée en suivant nos raisonnements abstraits.

CHAPITRE XXV

Schéma général des êtres pluricellulaires.

Les êtres pluricellulaires sont construits sur des types extrêmement divers, qui vont depuis le châtaignier jusqu'à l'homme, en passant par le champignon de couche et l'oursin. Il serait difficile de donner, par conséquent, un schéma morphologique commun à tous ces êtres. Je dois seulement signaler, dans ce chapitre, les conséquences de ce fait que nous considérons ici, comme des entités à part, non plus des cellules, mais des *agglomérations de cellules*.

Une telle agglomération est forcément limitée par un contour, par une surface qui la sépare du milieu. On appelle corps de l'être pluricellulaire, tout ce qui est compris dans ce contour. Mais, nous l'avons déjà vu plus haut, le contenu de ce contour est bien hétérogène; il comprend des cellules vivantes P et des *intervalles* de cellules vivantes M.

On donne le nom de *milieu intérieur* à tout ce qui remplit l'intervalle total M des cellules vivantes.

C'est entre ce milieu intérieur et les corps cellulaires P que se produisent les échanges constituant la vie de chacun des corps cellulaires. L'ensemble des cellules vivantes puise donc dans ce milieu intérieur toutes ses substances alimentaires Q et y déverse toutes ses substancesexcrémentitielles R. Le volume du milieu intérieur est, en général, fort restreint par rapport au volume total des cellules vivantes qui y baignent. Et, par conséquent, la vie élémentaire manifestée des cellules ne pourrait se prolonger longtemps si le milieu intérieur n'était pas renouvelé.

Mais précisément, le résultat de toutes les activités cellulaires concomitantes se traduit par une activité d'ensemble de l'être pluricellulaire, activité d'ensemble que l'on doit appeler la *vie* de l'être pluricellulaire, et qui a pour effet de renouveler le milieu intérieur au fur et à mesure des besoins des cellules. On peut même donner ce renouvellement du milieu intérieur comme définition objective de la *vie* de l'être pluricellulaire.

Et ainsi, il y a un double mouvement, dans l'être pluricellulaire :

1° Un mouvement d'entrée dans le milieu intérieur (nutrition, respiration), un mouvement de sortie du milieu intérieur vers l'extérieur (excrétion), et un mouvement de *brassage* de tout le milieu intérieur (circulation); tout cela résulte de la coordination des activités concomitantes des cellules vivantes constituant l'être pluricellulaire.

2° Des mouvements d'échange entre le milieu intérieur ainsi renouvelé et les divers corps cellulaires vivants P baignant à son intérieur.

Par exemple, chez l'homme, l'oxygène pénètre dans le sang par les poumons et est transporté par le sang à tous les éléments anatomiques, pendant que l'acide carbonique produit par ces éléments est ramené aux poumons et excrété. Le résumé des lignes précédentes est valable pour l'homme aussi bien que pour le tænia ou le poirier.

Chez les animaux supérieurs, comme l'homme, il faut faire une remarque relativement au tube digestif qui traverse de part en part le corps de l'animal. Le corps de l'homme est un sac clos de toutes parts, et le tube digestif traverse ce sac en lui donnant, comme nous l'avons déjà dit, l'aspect d'un manchon de dame.

Mais il faut bien remarquer que le contenu du tube digestif est *extérieur* au corps; quand nous mangeons, nous n'introduisons pas des aliments dans notre milieu intérieur, mais dans une cavité *extérieure* entre laquelle et le milieu intérieur s'établissent des échanges (absorption, sécrétion, etc.), analogues à ceux qui se font entre les poumons et le sang.

Dans le milieu intérieur, surtout dans les parois qui séparent les cellules les unes des autres, il se dépose, chez les êtres pluricellulaires, des substances (excrémentitielles ou de réserve suivant les cas), qui sont plus résistantes, plus rigides que les protoplasmas. Ces substances résistantes, se soudant les unes aux autres, forment une sorte de grillage, de treillissage résistant, qui encombre tout l'organisme et sert de support aux parties vivantes; c'est le *squelette*. Il s'accroît en importance à mesure que l'être vieillit et tend à fixer à chaque instant la forme de cet être.

Ces quelques remarques très générales suffiront à la compréhension des chapitres suivants.

CHAPITRE XXVI

La spontanéité et l'illusion de la liberté.

L'une des erreurs les plus répandues est que la caractéristique de la vie réside dans la spontanéité des mouvements.

Cette erreur est fort compréhensible à cause du rôle primordial que jouent, dans l'éducation de l'homme, les phénomènes qui se passent à son échelle. Si nous observons, avec le seul secours de nos moyens naturels, ce qui se passe autour de nous, il nous paraîtra évident qu'une souris se meut dans des conditions où une pierre de même dimension, située à la même place, resterait immobile ; autrement dit, là où l'immobilité d'une pierre nous prouve qu'il n'y a pas de cause de mouvement (vent, courant d'eau, etc.), une souris se déplace *spontanément.*

Si nous raisonnions d'une manière plus serrée, nous dirions : Là où l'immobilité d'une pierre nous prouve qu'il n'y a pas de cause de déplacement *pour la pierre,* le mouvement de la souris nous fait penser au contraire, soit que la souris est douée de mobilité spontanée, soit qu'il y a, au point considéré, des causes de mouvement *pour la souris.*

Nous sommes en effet habitués à voir les divers objets, même inanimés, réagir *suivant leur nature,* et d'une manière personnelle, à des causes extérieures identiques ; le courant d'air qui agite un morceau de papier ne remue pas un caillou ; les êtres vivants sont sensibles à des causes qui paraissent insuffisantes pour déterminer des variations chez les corps non vivants dont l'observation nous est familière ; et d'autre part, ils semblent au contraire résister à celles des causes extérieures qui nous paraissent les plus aptes à mettre en mouvement les objets inanimés.

Une truite *remonte* le courant de la rivière que descendrait un bouchon.

On a donné le nom d'*irritabilité* à cette propriété de substances vivantes de se mouvoir sous l'influence de causes qui ne semblent pas capables de mettre en branle des objets inanimés. L'irritabilité est, dit Claude Bernard, la propriété que possède tout élément anatomique, (c'est-à-dire le protoplasma qui entre dans sa constitution), d'être mis en activité et de réagir *d'une certaine manière* sous l'influence des excitants extérieurs.

On en dirait autant de n'importe quel corps inanimé; chacun est mis en activité d'une manière qui lui est propre, par tel ou tel agent extérieur qui agirait différemment sur un autre corps. La définition de Claude Bernard serait donc nuisible, si l'on prétendait, comme cela est dit dans la plupart des traités de physiologie, que l'irritabilité est une propriété caractéristique de la vie; elle est au contraire utile si l'on veut seulement dire par là que les mouvements des substances vivantes ne sont pas spontanés, mais sont *provoqués* par des causes de mouvement. Encore trouve-t-on que, dans ce cas, il était inutile de créer un nouveau mot; il suffisait de dire que les corps vivants sont *inertes* comme les autres, c'est-à-dire sont incapables de changer *par eux-mêmes* leur état de repos ou de mouvement. Le mot irritabilité, emprunté à l'histoire psychologique de l'homme ferait plutôt penser à une propriété mystérieuse qui serait le contraire de l'inertie.

Ce qu'il faut dire, pour le mouvement, comme nous l'avons dit pour les autres manifestations de l'activité vitale, c'est que rien ne se passe dans un être donné A qui soit déterminé par A lui-même. Tout phénomène biologique est le résultat de deux facteurs, le corps vivant A d'une part, et, d'autre part, l'ensemble B des conditions extérieures capables d'intervenir dans la détermination de l'activité de A.

La démonstration de ce fait est assez difficile pour un animal complexe comme l'homme, dans lequel le mécanisme d'ensemble comprend plusieurs trillions de cellules coordonnées par un système nerveux très perfectionné. Il peut avoir en lui des provisions d'énergie accumulées, comme nous l'avons vu, soit sous forme chimique de réserves, soit sous forme physique de tensions colloïdes; il y a donc des cas où l'on peut croire qu'il agit *par lui-même*, parce que les portions du milieu avec lesquelles il réagit sont situées à son intérieur. Mais, même alors, il emprunte encore à l'extérieur.

On ne verra jamais un homme fonctionner sans chaleur ni oxygène !

Cependant l'étude des agents du mouvement est plus facile chez les êtres unicellulaires, parce que, chez les plus simples d'entre eux, le mouvement provoqué par un agent peut avoir un rapport direct avec la situation de cet agent; tandis que, chez un homme, la transformation, dans le cerveau, des impressions reçues par les organes des sens, empêche de constater la moindre relation entre la direction du mouvement et ses causes.

Les causes du mouvement des êtres unicellulaires sont d'ailleurs tellement nombreuses et tellement variées que, sans le secours de la méthode expérimentale, on serait tenté de croire à la spontanéité de leur déplacement. Quand on met l'œil à un microscope et qu'on observe une goutte d'infusion de foin où grouillent des protozoaires, quand on constate que deux d'entre eux, *très voisins*, exécutent des mouvements différents, on a d'abord l'idée que ces corpuscules vivants ont *en eux-mêmes* la cause totale de leur activité.

C'est que l'hétérogénéité d'une goutte d'infusion de foin n'est pas apparente pour l'observateur au microscope; dans le liquide transparent, on ne remarque pas les variations en oxygène, en sels de toute nature, sans compter aussi les modifications locales d'état colloïde. Tout cela passe inaperçu, et cependant il suffit de réfléchir un instant pour comprendre, que, par le fait même de l'existence, dans cette goutte d'infusion, de nombreux êtres vivants qui y assimilent et y excrètent, il n'y a pas deux points de l'infusion, si rapprochés qu'ils soient, que l'on puisse considérer comme identiques.

Aussi, devant l'impossibilité d'une analyse de ce milieu hétérogène, l'observateur paresseux ou peu enclin à raisonner préférera conclure à la spontanéité du mouvement des infusoires.

Il est impossible, expérimentalement, de faire disparaître l'hétérogénéité dans un milieu où vivent de nombreuses cellules; mais on peut s'arranger de manière à faire agir, plus énergiquement que tous les autres, un facteur de mouvement choisi à l'avance et facile à manier. On n'obtiendra pas, pour cela, un mouvement produit *exclusivement* par l'agent considéré, mais la composante introduite par cet agent pourra néanmoins se manifester d'une manière assez notable, et de la même manière chez tous les individus d'une même espèce, ce qui prouvera vis-à-vis de l'agent mis en expérience, la non-indépendance des mouvements des animaux étudiés.

TACTISMES ET TROPISMES. — On a donné le nom de *tactisme* à la propriété que manifeste une certaine espèce cellulaire, d'être influencée dans son mouvement par un agent extérieur donné. Si cet agent est la lumière, il y a *phototactisme*; si c'est la chaleur, il y a *thermotactisme*; si c'est une substance chimique, il y a *chimiotactisme*, etc. Les tactismes sont donc les éléments dans lesquels on décompose l'*irritabilité* propre d'une espèce protoplasmique.

Lorsque les éléments cellulaires sensibles sont agglomérés en masses considérables, comme les cellules d'un végétal, par exemple, le résultat d'ensemble d'un grand nombre de *tactismes* cellulaires peut être une direction remarquable imprimée à la croissance d'un rameau; on dit alors qu'il y a *tropisme*; tel est par exemple l'*héliotropisme* des fleurs de *tournesol* ou d'*héliotrope*, qui se tournent vers le soleil, le *phototro-*

pisme d'un rameau de pomme de terre qui, germant dans une cave, se dirige vers un orifice où paraît la lumière du jour; tel aussi le *géotropisme* si général chez les végétaux, et qui fait que les racines des plantes se dirigent vers le centre de la terre, tandis que leur tige se dirige en sens contraire; etc.

Les *tropismes* sont des phénomènes de même ordre que les *tactismes*; il suffira de signaler un type d'expériences bien faites sur les tactismes, pour que le lecteur puisse imaginer lui-même toutes les autres.

Les expériences de *Pfeffer* sont, à tous les points de vue, un modèle de rigueur scientifique. Je signalerai seulement ici celle qui a trait à l'influence chimiotactique de l'acide malique sur les anthérozoïdes de fougères.

Les anthérozoïdes de fougères sont de petits corpuscules *très mobiles* dans l'eau où on les observe; il est donc probable que leur mobilité est due à un grand nombre de causes différentes, et que, en donnant à l'une de ces causes une valeur prépondérante, on ne détruira pas pour cela l'effet des autres; les mouvements resteront très variés, mais ils auront tous une composante particulièrement développée due à l'action du facteur systématiquement introduit.

Pfeffer introduit une solution dosée d'acide malique dans un petit tube capillaire qu'il ferme ensuite à une extrémité; puis il plonge, dans l'infusion où se promènent les antérozoïdes de fougères, l'extrémité ouverte de ce tube.

Dans ces conditions, il est évident que l'acide

malique va diffuser dans l'infusion à partir de l'orifice O du tube capillaire; cette diffusion se fera naturellement de telle manière que, à chaque instant, dans le liquide de l'infusion, les teneurs égales en acide malique soient réparties en sphères concentriques de centre O.

Considérons maintenant, dans le liquide ainsi préparé, une cellule quelconque P. Entre cette cellule et le milieu, il se fera des échanges physiques et chimiques comme par le passé; mais il y aura de plus l'action de l'acide malique diffusé. Or, le long d'une droite quelconque issue du point O, et qui perce le corps cellulaire aux deux points α et β, il est évident que le point α plus rapproché de O sera le siège d'une teneur en acide malique plus forte que le point correspondant β. L'effet particulier de l'acide malique sur l'anthérozoïde sera donc plus fort en α qu'en β. Et ceci sera vrai pour tous les points α par rapport à tous les points correspondants β, le long de toutes les droites issues du point O.

Sans pousser plus loin cette analyse géométrique du phénomène, on conçoit que le résultat de ces différences, qui sont du même sens par rapport au point O, soit une composante passant par le point O. En effet, dans l'expérience de Pfeffer, les anthérozoïdes, tout en poursuivant dans le liquide leurs mouvements très capricieux, finissent *tous*, quand la dose d'acide malique est convenable, par être attirés dans le tube capillaire.

Ce tube capillaire est un piège à anthérozoïdes de fougères.

Voilà une manière élégante de mettre en évidence l'influence de l'acide malique sur le mouvement des anthérozoïdes de fougères. En répétant la même expérience avec tous les produits chimiques dont la distribution hétérogène dans le liquide peut influencer le mouvement des anthérozoïdes, et en établissant des expériences analogues (ce qui est facile et a été fait) pour les divers agents physiques (radiations lumineuses, thermiques, etc.), on aura décomposé le mouvement très complexe des anthérozoïdes en tous ses éléments; on aura ramené l'*irritabilité* propre de cette espèce cellulaire à une somme de *tactismes* parfaitement définis.

Il ne restera donc plus *rien* de la prétendue spontanéité du mouvement des corps vivants; l'observateur prévenu des résultats de toutes les expériences sur les tactismes, *saura* que les mouvements, qu'il remarque dans les corps vivants en les regardant au microscope, sont dus aux réactions, tant colloïdes que chimiques, des êtres mobiles et du milieu. Mais néanmoins, comme il lui sera impossible de savoir à chaque instant quelles sont les conditions d'hétérogénéité réalisées dans la goutte d'eau qu'il regarde, comme il lui sera impossible, par conséquent, de *prévoir*, à un moment donné, les mouvements que va exécuter un infusoire donné, il pourra conserver, si cela lui plaît, l'ancienne narration des phénomènes vitaux, et dire que l'infusoire va *où il veut*, pour des raisons qui échappent à un observateur étranger.

Nous considérons comme *libres* les êtres dont

nous ne pouvons pas prévoir les actes, et ils sont en effet libres par rapport à nous observateurs qui sauf certains cas expérimentaux, ne sommes pour rien dans la détermination de leurs actes; mais ils ne sont pas libres par rapport au milieu, et aucun de leurs actes n'est déterminé par des facteurs résidant dans leur corps A tout seul. Leur activité totale peut au contraire, et toujours, être représentée par la formule symbolique employée plus haut $(A \times B)$.

La vie est un produit de deux facteurs.

CHAPITRE XXVII

Morphogenèse dans la vie et dans la nature brute.

Si le mouvement est une des particularités qui nous frappent le plus immédiatement chez les êtres vivants (quoique certains êtres en soient dépourvus, et que la spontanéité apparente soit purement illusoire chez les autres), la *forme* est aussi une des caractéristiques les plus remarquables auxquelles nous reconnaissions les espèces. En général même, nous décrivons les espèces uniquement par leur forme, et nous sommes certains, avec une description minutieuse de cette qualité, de reconnaître partout et toujours la plupart des êtres catalogués par les zoologistes et les botanistes.

Cependant, dans beaucoup de cas, la forme

d'un être vivant se conserve chez son cadavre, et nous savons que le cadavre est *autre chose* que l'être vivant. Et même, c'est toujours sur les cadavres d'animaux que nous étudions, en les débitant en coupes minces pour pouvoir les observer au microscope, leur structure histologique. Nous prenons, à cet effet, la précaution de tuer les êtres d'une manière très spéciale, au moyen de ce que nous appelons des réactifs *fixateurs*, qui rendent stables chez le cadavre les caractères structuraux du vivant. Cela est sans doute très intéressant au point de vue descriptif; c'est d'ailleurs le seul procédé connu permettant de dévoiler, dans ses détails, la structure histologique des êtres. Mais il est évident que cette méthode d'observation nous empêche de prendre sur le fait la genèse même des formes.

Dans le monde inanimé, nous connaissons également des formes caractéristiques des espèces chimiques, les formes cristallines. Sauf les cas d'isomérie, la mesure des angles dièdres d'un cristal nous permet de connaître sa composition. (Encore faut-il que le cristal n'ait pas été moulé en creux dans une substance plastique, où l'on aurait ensuite coulé du verre ou tout autre substance fusible ; les géologues connaissent sous le nom de *pseudomorphoses* ces moulages qui se rencontrent quelquefois dans la nature.)

Mais le cristal est essentiellement solide ; la découverte récente de cristaux liquides repose sur un jeu de mots analogue à celui qui a amené à parler de la vie des substances mortes. Le cristal est solide, c'est-à-dire que, *dans les con-*

ditions où nous l'observons [1], il transporte sa forme avec lui, indépendamment des circonstances extérieures. On peut dire que, pour les milieux où nous vivons, la forme cristalline du quartz est une propriété du quartz et du quartz considéré seul indépendamment de toutes les variations de milieu.

Au contraire, la forme des corps vivants est, *dans les conditions où nous l'observons*, nous qui sommes vivants, le résultat de deux facteurs, savoir : l'être vivant lui-même, et le milieu dans lequel il vit.

Cela est vrai aussi pour les cristaux, *pendant qu'ils se forment* ; quoique certains caractères restent constants dans leur géométrie, il y en a d'autres qui varient suivant les conditions de la cristallisation ; c'est pour cela que tel cristal de quartz a sa partie prismatique plus longue, tel autre sa partie pyramidale plus surbaissée ; il y a des caractères individuels dans les cristaux d'une même espèce, à cause des conditions de leur formation même ; mais, une fois qu'ils sont formés et *solides*, ils restent ce qu'ils étaient, sans être soumis, dans les milieux où nous les observons, à la moindre transformation.

Les corps vivants, contrairement aux cristaux, sont toujours, pendant qu'ils vivent, *en train de se former*. A chaque instant de la vie d'une cellule, sa forme est le résultat d'un équilibre établi entre son contenu et le milieu ambiant. C'est

1. Il faut faire cette restriction car on sait bien que, dans certaines conditions, réalisées expérimentalement, les cristaux les plus résistants peuvent se liquéfier.

seulement quand nous avons tué une cellule au moyen d'un réactif fixateur (acide osmique, bichlorure de mercure), que cette forme devient quelque chose de définitif, de transportable indépendamment des conditions extérieures, comme un cristal.

Voilà donc une différence fondamentale entre la forme des corps vivants et celle des cristaux ; cette différence tient évidemment à ce que le protoplasma colloïde, n'étant pas *solide* comme les cristaux, ne peut avoir une forme indépendante des milieux qu'il traverse.

Cependant, dans beaucoup de cas, les corps vivants semblent aussi fixés dans leur forme, que le sont les cristaux les plus durs. Cela tient à l'existence du *squelette*.

Supposons que, dans le sein d'un protoplasma qui se trouve pendant assez longtemps soumis à des conditions constantes, et dans lequel, par conséquent, les facteurs morphogènes, restant les mêmes, construisent une forme constante, supposez, dis-je que, dans le sein d'un tel protoplasma, se précipitent des substances solides (substances de réserve, substances excrémentielles), qui s'agglomèrent les unes avec les autres de manière à former un grillage résistant, emprisonnant toute la substance colloïde ; le *squelette*, ainsi construit par l'être vivant lui-même, sera transporté ensuite avec lui dans tous les milieux qu'il traversera, et ce sera un facteur morphogène nouveau. Ce facteur morphogène pourra même être assez important pour que tous les autres disparaissent devant lui ; nous ne verrons plus un protoplasma actif, créateur de forme dans les conditions ambiantes, mais un demi-liquide passif, habillant un squelette solide, comme la pâte à gaufres habille le moule à gaufres, ou simplement comme de l'eau, dans une bouteille, prend la forme de la bouteille.

CHAPITRE XXVIII

Le théorème morphobiologique.

Cependant, même dans les cas où le squelette est nul ou peu résistant, même dans les cas d'une espèce à corps mou, nous *reconnaissons* l'espèce d'un être unicellulaire, malgré ses déplacements à travers les conditions de milieu. Quoique les êtres à corps mou se déforment en se déplaçant, il reste en effet quelque chose de commun à leurs formes, à leurs aspects successifs, et c'est pour cela que, tant qu'ils vivent, nous continuons ordinairement à les reconnaître.

Il y a néanmoins une exception, assez rare d'ailleurs, et qui se manifeste chez des bactéries traînant, dans les conditions défavorables d'un milieu de culture non renouvelé depuis longtemps, un reste d'existence précaire. Certaines espèces bactériennes prennent, dans ces milieux dépourvus d'aliments et chargés d'excréments, des formes bizarres que l'on appells *formes d'involution*. Telle bactérie qui, dans un bouillon neuf, aurait la forme d'un bâtonnet, affecte dans ces conditions défavorables la forme d'une larme ou d'un sphéroïde. Mais, si l'on n'attend pas que la mort se produise, il suffit de semer ces formes d'involution dans un bouillon neuf pour obtenir une culture de bactéries normales. On peut se rendre compte de l'origine de ces formes d'involution, en remarquant que, dans ces conditions déplorables, les phénomènes de la condition n° 2 l'emportent sur ceux de la condition n° 1 ; ce sont des bactéries moribondes et non des bactéries vivantes que l'on observe.

En dehors de ce cas spécial, à travers les changements de milieu, quelque considérables qu'il soient, pourvu qu'ils ne diminuent pas la vitalité de l'être, la forme de cet être change assez peu pour que nous le reconnaissions aisément. Mais, si les conditions sont telles que l'être continue de vivre, nous savons que, par assimilation pure et simple ou par assimilation fonctionnelle, il conserve ou à peu près, ses propriétés colloïdes et chimiques. Et nous entrevoyons déjà ce résultat remarquable que, dans des conditions où il continue de vivre, dans des conditions où les phénomènes de construction l'emportent chez lui sur les phénomènes de destruction, un être, même mou, conserve sa forme personnelle avec assez peu de changements pour qu'il soit toujours aisé de le reconnaître à l'observation visuelle.

Cependant, nous savons, d'autre part que la forme d'un être mou dépend, non seulement de sa structure corporelle, mais encore des conditions mécaniques réalisées dans l'ambiance. Une goutte de substance visqueuse, non vivante, emportée dans des tourbillons d'eau courante, épouse la forme de ces tourbillons ; au contraire, une goutte de substance vivante, quand elle continue de vivre à travers des variations considérables de conditions mécaniques, conserve une forme peu modifiée, quoique cette forme dépende certainement des conditions mécaniques réalisées autour d'elle. La conclusion de cette remarque est évidemment que, pendant qu'elle vit, la substance vivante en train de vivre crée elle-même dans l'ambiance autour de son corps semi-fluide, des mouvements tourbillonnaires *qui entrent pour une large part dans la détermination de sa forme propre*. Et ainsi, du moment qu'il continue de vivre, l'être vivant transporte avec lui, non seulement sa substance propre, mais encore un certain régime de mouvements qu'il impose au milieu dans les environs immédiats de son corps. La chose est assez importante pour mériter d'être vérifiée expérimentalement.

Et d'abord, nous concevons fort aisément l'origine de ces mouvements tourbillonnaires. La masse vivante, plongée dans un milieu aqueux, occupe un volume limité dans ce milieu. La vie de la masse vivante, ensemble de réactions qui se passent entre le corps vivant et le milieu, se manifeste en tous les points de la substance protoplasmique, grâce à la pénétration, par osmose, de matières empruntées au milieu (substances alimentaires ou substances Q de l'équation de la vie élémentaire manifestée) et à la sortie, par diffusion, des substances R ou substances excrémentitielles. Il y a donc un double courant d'entrée et de sortie, courant qui n'est pas visible au microscope, et qui est nécessité par le rétablissement constant de l'équilibre d'échanges sans cesse détruit par la réaction assimilatrice. Nous allons voir que le noyau intervient dans tous ces phénomènes d'échanges; il est d'ailleurs lui-même limité dans le cytoplasma comme le cytoplasma est limité dans le milieu, et par des mouvements tourbillonnaires du même ordre.

Ces mouvements d'échanges entre le noyau, le cytoplasma et le milieu, créent donc un état de mouvement incessant, qui a pour premier résultat de *limiter*, autour du noyau limité lui-même, le volume possible de la masse de cytoplasma en équilibre. Cela explique que l'*accroissement* dû à l'assimilation, s'accompagne forcément, au bout de quelque temps, d'une *fragmentation* de la masse vivante (multiplication des bactéries, division cellulaire).

Que le régime des mouvements déterminés par les échanges dépende de l'état colloïde du protoplasma, nous le concevons sans pouvoir en donner une démonstration *a priori*, puisque nous ne savons pas définir avec précision cet état colloïde. Qu'il nous suffise d'avoir compris l'origine des mouvements morphogènes : l'expérience va nous apprendre les résultats.

L'observation courante nous a prouvé que, tant que les phénomènes d'assimilation l'emportent sur les phénomènes de destruction, tant que la vie persiste, en un mot, la forme de l'animal protoplasmique reste reconnaissable. Or il se trouve que nous avons un moyen de supprimer, quand nous voulons, tout phénomène d'assimilation, *sans rien changer aux conditions du milieu*, en supprimant le noyau. C'est là en effet le résultat le plus certain des expériences de *mérotomie*.

EXPÉRIENCES DE MÉROTOMIE. — Les expériences de *mérotomie* consistent à couper en deux ou plusieurs morceaux le corps d'un être vivant, à voir si ces morceaux restent vivants, et à constater ce qui se passe dans les morceaux qui restent vivants.

Quand le corps en expérience est un être unicellulaire, on remarque assez aisément que les fragments dépourvus de noyau cessent immédiatement d'assimiler; les fragments qui contiennent le noyau ou un morceau de noyau, continuent au contraire à assimiler. Or, résultat très important, les fragments nucléés, qui continuent à assimiler, reprennent, au bout de peu de temps, quelque troncature qu'ils aient subie, la forme normale de leur espèce. Le cytoplasma et le noyau reprennent la forme d'équilibre qu'ils ont dans un individu ordinaire non soumis à la mérotomie.

Au contraire, les morceaux de cytoplasma dépourvus de noyau ou les morceaux de noyau dépourvus de cytoplasma ne sont susceptibles que de phénomènes destructeurs, et se détruisent sans reprendre la forme spécifique.

L'ensemble de ces deux résultats prouve que (en dehors de l'intervention d'un squelette rigide qui troublerait les résultats), la forme spécifique d'équilibre, dans les conditions normales, est la preuve que le phènomène d'assimilation se produit dans l'être doué de cette forme; que, en d'autres termes, la forme spécifique d'équilibre est l'une des *conséquences* de l'assimilation de l'être protoplasmique. Je dis *conséquences*, je ne dis pas *conditions*, car l'être *tronqué* par la mérotomie, est, s'il contient un morceau de noyau, capable d'assimilation, quoique n'ayant pas la forme spécifique normale.

En d'autres termes, la *fonction morphogène* est une conséquence de l'assimilation. En même temps qu'un être vivant crée du protoplasma, il crée du protoplasma ayant une certaine forme. La fonction morphogène est un des *aspects* de l'assimilation, et n'en est pas séparable.

Du moment qu'il y a assimilation, il y a détermination de la forme spécifique d'équilibre.

Sous le mot assimilation, nous comprenions d'ailleurs déjà deux choses distinctes quoique non séparables, savoir: 1° la fabrication des substances chimiques spécifiques; 2° l'attribution, à ces substances chimiques spécifiques, de l'état colloïde spécifique, de l'état protoplasmique spécifique.

Cet *état colloïde*, que nous ne savons pas encore définir dans le détail, joue, dans tous les phénomènes biologiques, un rôle primordial. Nous savions déjà qu'il est inséparable de l'assimilation chimique, qu'il en est, non seulement la *conséquence inévitable*, mais encore la *condition nécessaire*, autant que nous pouvons en juger par l'absence de phénomène d'assimilation chez tout corps non colloïde. Voici que cet état colloïde se trouve lié à un autre phénomène, celui de la détermination de la forme générale du corps, mais néanmoins, la liaison semble moins profonde, car, si la forme spécifique est une *conséquence* de l'état colloïde du protoplasma, elle n'est pas une condition indispensable du maintien de cet état colloïde, ainsi que nous l'a prouvé la continuation des phénomènes d'assimilation protoplasmique chez les êtres tronqués.

L'état colloïde ou protoplasmique nous paraît donc diriger constamment deux phénomènes également remarquables et auxquels il sert de lien : l'assimilation chimique, dans le domaine des dimensions moléculaires, et la morphogenèse du corps vivant tout entier dans le domaine des dimensions des êtres vivants. Nous retrouvons une fois de plus les trois mécanismes que nous avons appelés mécanisme anatomique, mécanisme colloïde et mécanisme chimique ; mais le mécanisme colloïde prend une place prépondérante et domine les deux autres.

Ce théorème expérimentalement démontré, de l'existence d'un lien entre la forme spécifique et la constitution chimique des êtres vivants, unit la *morphologie* ou science des formes à la *physiologie* ou science des activités ; on peut l'appeler pour cette raison le *théorème morphobiologique*.

Les expériences de mérotomie peuvent se faire également sur des êtres pluricellulaires, aussi compliqués que l'homme et les vertébrés. On peut toujours couper un corps en morceaux, voir si quelques-uns de ces morceaux restent vivants, et ce qu'il en advient.

Ici, naturellement, il ne sera plus question de cytoplasma et de noyau, mais de mécanisme capable de continuer à vivre, c'est-à-dire, comme nous l'avons vu plus haut, d'assurer, par des échanges convenables avec l'ambiance, le renouvellement du milieu intérieur. Il y aura autant de cas que d'expériences ; la section d'une petite artère peut entraîner la mort d'un homme qui a survécu à l'amputation d'une cuisse. Nous n'aurons aucune formule générale permettant de prévoir que le corps continuera à vivre, mais nous pourrons rechercher s'il y a une loi des phénomènes qui se passent quand le corps continue à vivre. Or, au premier abord, il semble que les espèces vivantes se rangent, sans aucun ordre apparent, en deux catégories entièrement opposées au point de vue des conséquences des expériences de mérotomie.

Dans la première catégorie, se rangent des êtres qui, lorsqu'ils ont été tronqués *et ont survécu, régénèrent* leur forme spécifique normale. Nous y trouvons, par exemple l'hydre d'eau douce, l'étoile de mer, le crabe, le ver de terre, l'axolotl, le lézard, etc.

Dans la deuxième catégorie se rangent au contraire des êtres qui, lorsqu'ils ont été tronqués *et ont survécu, restent tronqués*. Nous y trouvons, par exemple, l'oursin, la pieuvre, la grenouille, la carpe, le serpent, les mammifères, etc.

Serait-ce donc que, chez certains êtres, l'état

protoplasmique dirigerait la forme d'ensemble, tandis que, chez d'autres êtres, il n'aurait aucune influence sur elle ? Cela serait d'autant plus extraordinaire que les animaux répartis dans ces deux groupes, appartiennent aux mêmes classes ou aux mêmes embranchements zoologiques. L'oursin qui reste tronqué est un échinoderme comme l'étoile de mer qui régénère ses bras ; le serpent est un reptile comme le lézard, la grenouille un amphibien comme l'axolotl et le triton.

Si d'ailleurs, au lieu de s'adresser aux animaux adultes, on fait des expériences de mérotomie sur des larves ou embryons très jeunes, on constate que, *dans n'importe quelle espèce*, il y a régénération des parties coupées, jusqu'à un certain âge quelquefois très tendre. L'embryon d'homme, lui-même, quand les hasards de la matrice le coupent en deux au stade où il est formé de deux cellules, donne naissance à deux jumeaux qui sont parfaitement complets.

Ainsi donc, ce qui varie chez les diverses espèces, ce n'est pas la présence ou l'absence de la faculté de régénération après troncature, *mais seulement l'âge jusqu'auquel cette faculté persiste.* Le théorème morphobiologique est général chez les êtres vivants, mais il apparaît, au cours du développement individuel, et plus ou moins vite suivant les caractères spéciaux des espèces, un facteur nouveau qui en voile ou même en annule les effets. Il n'est pas besoin de réfléchir longuement pour comprendre que ce facteur est le squelette ; j'entends naturellement par squelette, non seulement les os, mais encore toutes les parties résistantes et non vivantes qui encombrent l'ensemble de l'être et deviennent un facteur important de son équilibre morphologique.

Nous ne savons pas encore apprécier à l'avance la valeur, au point de vue des régénérations possibles, du squelette d'une espèce donnée ; c'est l'expérience de mérotomie qui nous renseigne après coup ; nous n'aurions, par exemple, aucune raison de prévoir, dans l'état actuel de la science, que la grenouille restera tronquée et que le triton régénérera sa patte. Nous dirons simplement, une fois l'observation faite, que de la substance d'homme, habillant un squelette manchot, donne un homme manchot. Mais cela n'enlèvera pas au théorème morphobiologique sa valeur explicative du développement individuel, car les parties qui fabriquent le squelette, se fabriquent elles-mêmes avant d'avoir produit le squelette qui fige leur forme.

La fonction morphogène et l'importance de l'état colloide. — Revenons maintenant aux êtres unicellulaires. Pour ces êtres, le théorème morphobiologique a été établi sans difficulté par les expériences de mérotomie ; la régénération a été la règle chez les morceaux pourvus de noyau (sauf pour une espèce d'Infusoires ciliés, les *Paramécies*, qui restent tronquées, comme l'homme reste manchot). Nous en avons conclu que, parmi les fonctions dans lesquelles nous pouvons décomposer artificiellement l'activité totale de l'être protoplasmique, existe une *fonction morphogène* inséparable des autres.

Cette fonction colloïde ne se manifeste naturellement pas en dehors du corps vivant lui-même par une *diastase* diffusée dans le milieu mort ambiant ; elle s'étend seulement, au cours de l'assimilation, à toutes les parties nouvelles gagnées par assimilation. Cette fonction ne paraît donc pas transportable hors du corps vivant comme les fonctions définies par la résistance à une toxine ; elle est, si l'on veut, la fonction de la *lutte pour l'espace* ; mais pour n'être pas transportable, elle n'en est pas moins définie et inhérente à l'état colloïde du protoplasma comme les autres fonctions.

Une expérience extrêmement importante prouve d'ailleurs que cette fonction est en réalité transportable dans un corps mort, à savoir, le cadavre de l'être vivant lui-même, quand la mort est survenue dans de certaines conditions.

Si nous tuons un protozoaire par l'ammoniaque, nous ne respectons rien de son état colloïde, nous le dissolvons en entier (sauf son squelette s'il en a un assez résistant).

Mais le plus souvent, son état colloïde lui survit au contraire assez complètement pour que nous reconnaissions son cadavre pendant un temps plus ou moins long. L'état colloïde ainsi conservé est-il le même que celui de l'être vivant d'où provient le cadavre, quoiqu'il ne se passe plus dans ce protoplasma mort, aucun phénomène d'assimilation ? Il est évident que la réponse à cette question dépendra de la manière dont l'être vivant considéré sera mort. Entre l'acide osmique, qui fixe la forme, et l'ammoniaque, qui n'en laisse aucune trace, il y a évidemment toutes sortes de cas intermédiaires ; il y a une foule de manières de mourir. Il faudra donc spécifier le genre de mort que l'on a choisi.

Si l'on tue une culture microbienne par une chaleur douce, suffisant tout juste à produire la mort, on ne sait pas trop quelle modification on a produite ; mais on constate que la chaleur douce, conserve la forme assez exactement, même chez les êtres unicellulaires formés de protoplasma nu et mou. Il y a cependant des transformations réalisées, puisque la vie a disparu, il est même vraisemblable qu'il y a des transformations colloïdes ; du moins l'une des fonctions colloïdes est-elle conservée, la fonction morphogène ; j'oserais presque dire la *diastase morphogène*, puisque cette fonction a été transportée hors du corps vivant, à son cadavre.

Eh bien ! l'*importance de cette fonction morphogène est telle que, si l'on injecte à un animal des cadavres de microbes, on vaccine l'animal contre les microbes vivants eux-mêmes !*

En d'autres termes, un animal qui, en digérant, en assimilant physiquement des cadavres de microbes d'espèce A, a développé en lui-même l'organe producteur de la diastase qui digère ces cadavres de microbes, est devenu capable ensuite de digérer ces microbes A, même vivants. En d'autres termes encore, un microbe A qui, dans les conditions ordinaires, vivait facilement dans un animal donné et triomphait de cet animal dans la lutte, n'y peut vivre lorsqu'il y rencontre la diastase qui peut détruire la partie morphogène de son état colloïde.

Au contraire, le plus souvent, si l'on a vacciné un animal contre une des diastases transportables du microbe A, contre une de ses toxines comme on dit, l'animal n'est pas pour cela vacciné contre le microbe vivant lui-même, ce qui prouve que la fonction morphogène inséparable du protoplasma du microbe A est plus indispensable à la vie de ce microbe que les autres fonctions transportables dans les colloïdes ambiants. Nous avons donc fait un pas de plus dans l'analyse réelle, effective, de l'activité vitale du microbe A, en ajoutant son cadavre, possesseur de sa diastase morphogène ou formative, aux autres diastases qui transportent dans les colloïdes morts ses autres activités partielles.

De plus en plus, un être vivant nous apparaît comme une superposition de choses mortes.

L'importance pratique de la considération des diastases morphogènes des protoplasmas sera évidente pour tous, quand on saura que c'est probablement à cette diastase morphogène, aussi dépourvue que possible des autres diastases et des substances excrémentitielles, que Koch d'abord, Behring ensuite ont demandé la guérison de la tuberculose; c'est en triturant des cadavres de bacilles tuberculeux qu'ils ont essayé de leur enlever, comme moyen curatif pour l'homme, leur diastase formative.

CHAPITRE XXIX

Les phénomènes de conduction chez les corps vivants et les corps bruts.

Dans un être vivant de grandes dimensions, comme un animal ou un végétal supérieur, la conservation de la vie cellulaire en un point de l'organisme étant liée au renouvellement du milieu intérieur, on ne saurait la considérer comme indépendante des vies cellulaires localisées en des endroits éloignés de l'organisme, puisque c'est l'ensemble des activités cellulaires qui a pour résultat le renouvellement du milieu intérieur utile à toutes.

Il n'est pas indifférent au cerveau que le rein soit malade, il n'est pas indifférent à la feuille que la racine soit coupée.

On donne le nom de *corrélation* à cette communauté d'intérêts existant entre les diverses parties d'un même organisme; elle s'établit par le milieu intérieur qui est commun à toutes les cellules de l'individu. Si l'on introduit un poison en un point du milieu intérieur, la diffusion et surtout la circulation répandront ce poison partout; le phénomène local de l'introduction du poison se sera transformé en un empoisonnement général.

On peut donner une formule générale de la corrélation en constatant que chaque cellule doit être en équilibre avec le milieu intérieur commun à tous; cet équilibre est à la fois d'ordre chimique et d'ordre colloïde, puisque, il ne faut pas l'oublier, le milieu intérieur est uniquement composé de colloïdes. Or, nous avons vu, à propos des sérothérapies et de l'assimilation physique en général, combien les colloïdes qui se baignent réciproquement influent les uns sur les autres. La circulation brassant sans cesse le milieu intérieur, lui donne une certaine homogénéité dans l'ensemble de l'individu. Nous devons donc considérer toutes les cellules de l'être vivant, celles de l'œil aussi bien que celles de l'orteil, comme étant en équilibre *avec un même colloïde*.

Et cela établit déjà une *unité* remarquable dans toute l'étendue d'un être; une modification d'état colloïde ne peut pas affecter une cellule sans modifier le milieu intérieur, et retentir, par conséquent, sur l'ensemble des autres cellules. C'est pour cela qu'il n'y a pas de phénomène local dans l'individu.

Par le milieu intérieur, il s'établit donc une *conduction* des modifications locales vers tout l'organisme; cette conduction sera naturellement assez faible pour une variation ne concernant initialement qu'une seule cellule, à cause de la faible dimension de la cellule par rapport à l'ensemble du corps qui est soixante trillions de fois plus considérable, chez l'homme par exemple. De même une oscillation électrique, à moins qu'elle ne soit très intense, se perd très vite si elle se transmet à travers toute l'ambiance dans la télégraphie sans fil. Au contraire, avec un fil conducteur, une faible oscillation peut se transmettre très loin sans perdre beaucoup de son intensité, puisque la quantité de substance mise en mouvement est proportionnelle à la longueur du fil, au lieu d'être proportionnelle à une puissance de cette longueur comme dans la télégraphie sans fil.

Cette comparaison avec les télégraphies de Morse et de Hertz est excellente dans le cas actuel, parce que, précisément, dans les animaux supérieurs au moins, il y a, à côté de la conduction par le milieu intérieur, qui rappelle la télégraphie de Hertz, la conduction nerveuse qui rappelle la télégraphie de Morse.

La conduction nerveuse n'est autre chose que la conduction par continuité protoplasmique. Elle se manifeste dans une cellule quelconque, mais ses effets sont plus curieux si la cellule est extrêmement étirée dans le sens de la longueur.

Considérons une longue cellule AB, baignant dans un colloïde différent. Si l'on réalise au point A une rupture de l'équilibre colloïde, cette rupture d'équilibre se transmettra de proche en proche jusqu'au point B, où nous pourrons en constater les effets. Cela n'empêchera pas que la rupture d'équilibre en A ne retentisse aussi sur le colloïde entourant la cellule et ne se fasse sentir au point extérieur C, mais l'observation prouve que le retentissement en B sera infiniment plus important à cause de la continuité d'un protoplasma homogène. Nous constatons ce fait sans essayer de l'expliquer, comme nous constatons que, dans la télégraphie Morse à fil nu, l'effet transmis par le fil conducteur est bien plus considérable au bout du fil que dans un des points quelconques de l'air ambiant.

Les expériences de mérotomie nous ont déjà fait comprendre l'importance de la continuité protoplasmique. Lorsque nous avions, en effet, coupé une cellule en deux morceaux, le morceau dépourvu de noyau, quoique se trouvant dans la même goutte d'infusion que le morceau nucléé, n'éprouvait pas, à travers cette infusion, l'influence bienfaisante du noyau, qui ne se faisait sentir, par continuité protoplasmique, que dans l'étendue du morceau nucléé où l'assimilation, par suite, se continuait.

Nous ne pouvons que constater ces faits, mais, nous ne nous en étonnons pas, à cause de la grande importance que nous sommes habitués à accorder en physique à toute hétérogénéité, à toute discontinuité, dans les phénomènes de conduction.

Même dans le règne végétal, il est possible que des phénomènes de conduction protoplasmique directe aient lieu dans toute l'étendue des individus par le moyen des petits *tractus* protoplasmiques souvent décrits comme perforant les membranes de séparation de deux cellules voisines; mais, d'une part, la continuité établie par ces tractus ne suffit pas à assurer à un cytoplasma le bénéfice de l'influence nucléaire de la cellule voisine dans les expériences de mérotomie[1]; d'autre part, même si cette continuité est réelle, elle se fait d'une cellule à toutes les cellules voisines, de manière à disperser dans tout l'ensemble de l'individu, comme par la télégraphie sans fil, l'effet de la rupture d'équilibre colloïde réalisé en un point de l'individu.

Au moment de la découverte de la télégraphie sans fil, les hommes remplis d'admiration ont crié au miracle; puis, devant les grands inconvénients de ce système de correspondance, on a fini par remarquer que le vrai perfectionnement à y apporter consisterait à y mettre un fil, c'est-à-dire à revenir à la télégraphie déjà connue qui, sauf des cas exceptionnels (ballons, navires) est beaucoup plus commode pour nous. Eh bien, dans l'animal vivant, nous trouvons, à côté de la télégraphie sans fil établissant la *corrélation* par le milieu intérieur, la télégraphie avec fil établissant la *coordination* par le *système nerveux*.

Système nerveux. — Le rudiment du système nerveux consiste en une cellule assez longue par rapport à un individu pour qu'une rupture d'équilibre réalisée en un point A se transmette immédiatement, *par continuité protoplasmique*, en un point B assez éloigné du premier dans l'individu.

1. Un morceau de protoplasma privé de noyau dans une cellule par la section expérimentale du reste de cette cellule, est condamné à la dégénérescence et à la mort, malgré les relations protoplasmiques qui l'unissent à la cellule voisine pourvue de son noyau.

On trouve, chez des animaux inférieurs, des types élémentaires de cette disposition. L'un des exemples les plus caractéristiques est celui qui a été décrit par Hertwig chez certains cœlentérés. Cet auteur a donné trois modèles d'une telle continuité protoplasmique. Dans le premier type, une cellule épithéliale a seulement un prolongement *m* qui, à cause des conditions réalisées dans l'endroit où il pénètre, prend un caractère contractile (voyez plus haut la division du travail physiologique).

Dans le second type (B) le prolongement contractile a pris l'aspect d'une cellule complète pourvue d'un noyau; c'est un véritable muscle, uni à un épithélium par un nerf.

Enfin, dans le troisième type (C), une cellule nouvelle *b*, cellule intermédiaire ou nerveuse, est apparue sur le trajet continu qui unit l'élément épithélial *a*, à l'élément musculaire *c*.

Chez les animaux supérieurs, il existe tout un réseau d'éléments protoplasmiques allongés jouant un rôle conducteur entre des points très éloignés du même individu. Quelques-uns de ces éléments ont plus d'un mètre de longueur et l'on conçoit l'importance extrême, au point de vue de la coordination, de ces communications protoplasmiques directes, qui peuvent faire retentir immédiatement, en un point d'un être vivant, une rupture d'équilibre qui s'est produite en un point très éloigné du même être.

Cela transforme l'ensemble de l'individu en un mécanisme *unifié* où rien de ce qui se passe quelque part n'est indifférent aux autres régions de l'organisme.

On donne le nom de *neurone* à un élément cellulaire pourvu d'un prolongement protoplasmique considérable qui le met en relation avec des cellules éloignées du corps. Ce prolongement protoplasmique ou *cylindraxe* a une structure très particulière qui le rend particulièrement apte à transmettre rapidement les ruptures d'équilibre colloïde.

Naturellement, d'après la loi d'assimilation fonctionnelle, ce *cylindraxe*, dont la *fonction* est toujours de *transmettre*, a acquis au maximum, le caractère *transmetteur*.

La cellule qui possède ce cylindraxe très allongé a aussi d'autres prolongements protoplasmiques moins différenciés; ils forment ce qu'on appelle la chevelure de neurone.

Qu'un phénomène de l'ambiance (phénomène lumineux, sonore, colloïde, chimique, etc.) soit capable d'impressionner le protoplasma d'un élément épithélial, d'y déterminer une rupture de l'équilibre colloïde, cette rupture d'équilibre se transmettra de proche en proche, par le cylindraxe qui s'épanouit dans la substance de cet élément épithélial, jusqu'au corps du neurone, dans lequel elle s'épanouira dans tous les sens suivant les conditions d'équilibre colloïde qui y sont actuellement réalisées.

On donne le nom d'*influx nerveux* à cette transmission protoplasmique d'une rupture d'équilibre colloïde. Sa vitesse a pu être mesurée dans certains cas, mais il n'y a aucune raison pour qu'elle soit la même dans tous les cas.

Si la chevelure du neurone dont il est question plus haut était isolée de toute masse protoplasmique, le phénomène de transmission que nous venons d'étudier serait limité à l'ensemble formé par l'élément épithélial et le neurone; l'influx nerveux viendrait se perdre dans la chevelure du neurone, et son énergie s'y transformerait, soit en énergie chimique, soit seulement en énergie colloïde accumulée comme nous l'avons vu plus haut à propos de l'étude énergétique de la vie.

Mais il n'en est pas ainsi.

La chevelure d'un neurone est en relation de *contiguïté* ou de *continuité* (les avis diffèrent à ce sujet, et la question est difficile à résoudre par les méthodes d'observation histologique), avec la chevelure d'un ou de plusieurs neurones voisins. Que ce soit par continuité protoplasmique réelle, ou par une contiguité suffisante pour permettre un phénomène d'*influence* colloïde analogue au phénomène d'influence électrostatique, on constate que l'influx se transmet de neurone à neurone. Évidemment, il se transmet par les trajets de moindre resistance, ainsi que nous le verrons tout à l'heure avec plus de détail.

Supposons maintenant que, parmi les neurones dans lesquels peut passer une partie de l'influx, il s'en trouve un qui soit en relation par son cylindraxe avec un élément musculaire; l'influx nerveux arrivera par cette voie à l'élément musculaire et y déterminera une rupture d'équilibre colloïde qui se manifestera d'après la nature de l'élément musculaire, c'est-à-dire par une modification dans l'état de contraction de cet élément.

Et voilà ainsi une relation établie, par l'intermédiaire de deux ou de plusieurs neurones, entre une impression superficielle reçue par une cellule épithéliale, et un mouvement musculaire faisant partie du fonctionnement de l'appareil locomoteur. On donne le nom de *réflexe* à ce phénomène qui est, on le voit, un élément de l'*irritabilité* de l'individu, une partie de la manière dont l'individu réagit, suivant sa nature, aux excitations extérieures.

Cette disposition a des conséquences incalculables.

Chez les animaux supérieurs en effet, on peut presque dire sans exagération, qu'il n'est pas un élément épithélial contribuant à former la paroi du corps de l'animal qui ne soit en rapport avec l'extrémité du cylindraxe d'un neurone. Or c'est à travers les éléments épithéliaux, formant la paroi du corps, que se font les échanges du milieu interne de l'être avec l'ambiance, échanges physiques, colloïdes, chimiques, etc.

On voit ainsi que l'organisme est bien gardé; rien ne peut entrer en lui sans retentir, par l'intermédiaire des neurones, sur des éléments situés très loin de la porte d'entrée. On dirait un palais dont toutes les ouvertures sont munies de sonneries automatiques.

Il faudra comprendre ensuite comment tout ce mécanisme est coordonné de manière que les contractions musculaires, les sécrétions glandulaires, etc. qui résultent des *réflexes* soient précisément *utiles* à la lutte de l'organisme contre le milieu, c'est-à-dire, adaptées à éviter les causes de destruction et à profiter des événements avantageux. Un chat qui se brûle la patte la retire vivement (réflexe défensif); un chat qui voit et flaire une jatte de lait s'en approche et la happe (série de réflexes offensifs).

Comprendre cette adaptation est l'affaire de la science de l'*origine des espèces*.

ORGANES DES SENS ET SURFACES SENSORIELLES. — Chez un animal aussi compliqué que le chat ou l'homme, les éléments épithéliaux qui tapissent la surface du corps ne sont pas tous semblables; ils sont susceptibles de voir rompre leur équilibre colloïde par des causes diverses. Les causes de rupture d'équilibre provenant de l'extérieur sont infiniment nombreuses et variées; il est vraisemblable que beaucoup sont sans action sur les surfaces épithéliales des animaux. Parmi celles dont nous constatons tous les jours l'activité, il faut citer la lumière, les vibrations sonores, le choc mécanique, la chaleur, les substances chimiques ou colloïdes.

Il est vraisemblable que, chez les êtres inférieurs, toutes les cellules superficielles sont plus ou moins impressionnées dans leur équilibre par ces agents si divers. Chez les animaux supérieurs, la division du travail résultant, comme nous l'avons vu, de l'assimilation fonctionnelle, développe dans certaines cellules la sensibilité à certains agents particuliers. Ainsi, la lumière agit violemment sur les cellules visuelles et ne produit que des modifications à peine sensibles dans les cellules du revêtement de la main ou du pied; de même la saveur d'un aliment (particularités chimiques et colloïdes) impressionne les cellules gustatives et n'agit aucunement sur la surface de l'œil, etc.

On donne le nom de surfaces *sensorielles* aux surfaces épithéliales adaptées à l'impressionnabilité par tel ou tel agent extérieur. C'est comme si, dans le palais dont nous parlions tout à l'heure, quelques-unes des portes étaient munies de sonneries automatiques pour certains voleurs et ne sonnaient pas pour les autres; seulement ce qui peut rassurer le propriétaire du palais, devant les voleurs pour lesquels les portes ne sonnent pas, elles ne s'ouvrent pas non plus, ou du moins, elles ne s'ouvrent pas suffisamment pour que la sécurité du palais soit menacée.

En d'autres termes, tout agent qui pénètre dans l'organisme à travers une surface épithéliale sensible détermine dans le protoplasma de cette surface une rupture d'équilibre qui est le point de départ d'un réflexe.

Centres nerveux. — Les corps des neurones *n* sont rarement isolés dans l'animal. Le plus souvent ils se trouvent associés en plus ou moins grand nombre en des amas que l'on appelle *ganglions* ou *centres nerveux*. A ces centres arrivent un grand nombre de cylindraxes provenant d'éléments épithéliaux divers et appelés *filets nerveux centripètes*, parce qu'ils portent l'influx vers un centre; de ces centres partent aussi un grand nombre de cylindraxes, appelés *filets nerveux centrifuges*, parce qu'ils portent l'influx provenant d'un centre, soit vers un muscle, soit vers une glande, soit vers un autre centre nerveux.

On conçoit aisément que si diverses parties du corps possèdent leur centre nerveux spécial, elles sont plus ou moins indépendantes les unes des autres; elles n'ont de relations, dans la coordination générale, que par les filets nerveux qui font communiquer les centres les uns avec les autres.

Dans cet ouvrage où nous ne devons nous occuper que de ce qui est général à tous les êtres vivants, il serait abusif de parler plus longtemps du système nerveux, puisque les végétaux n'en ont qu'un rudiment (continuité protoplasmique). Mais comme, dans la biologie, ce qui intéresse le plus l'homme, c'est l'homme lui-même, et comme, dans l'homme, c'est le système nerveux qui est la partie la plus admirable du mécanisme, il faut dire encore quelques mots des conséquences de l'existence de centres nerveux considérables.

Quand un influx arrive au corps d'un neurone, provenant d'un élément superficiel, il se répartit dans ce neurone, d'après la distribution actuelle des états colloïdes de son protoplasma; il se propage donc, avec une intensité variable, dans les divers prolongements de sa chevelure; de là, suivant les points de moindre résistance, il passe dans le ou les neurones voisins, et se répartit dans leurs corps d'après la distribution actuelle des états colloïdes de leur protoplasma, et ainsi de suite. Pour prévoir la distribution réelle d'un influx nerveux dans un centre composé d'un grand grand nombre de neurones, il faudrait connaître exactement l'état colloïde actuel de tout le centre, et les rapports de continuité ou de contiguité qui existent entre les neurones voisins au moment considéré.

Or, *tout cela varie à chaque instant;* il n'y a rien de constant, ni dans les rapports des chevelures des neurones voisins, ni dans la nature de l'équilibre colloïde du protoplasma de chacun d'eux; l'influx précédent a en effet tout modifié, partout où il a passé, et il en sera de même du suivant.

Il est donc impossible à un observateur étranger, lorsqu'il détermine dans un animal supérieur une excitation donnée, de prévoir comment l'animal réagira à cette excitation; il sait bien qu'un influx se produira, mais il ne peut se douter de la manière dont cet influx se distribuera dans les centres et à quels appareils moteurs il viendra, en fin de compte, donner le branle.

La seule prévision que puisse faire l'observateur étranger est encore tirée de la loi d'habitude; s'il a remarqué que, dans des conditions données, un animal a réagi souvent d'une même manière à une excitation déterminée, il devra penser que, par assimilation fonctionnelle, le chemin suivi par l'influx, plusieurs fois de suite, se sera tracé plus nettement dans les centres nerveux de cet animal, et que, dans les mêmes conditions, la même excitation déterminera chez lui la même activité d'ensemble.

Le pêcheur à la ligne, ayant remarqué que le vol de certaines mouches, exécuté d'une certaine manière au ras de la rivière, détermine les truites à sauter et à gober la mouche, imitera le plus parfaitement possible au moyen de sa mouche artificielle le mouvement de la mouche naturelle; et s'il y réussit la truite sautera et gobera l'hameçon. Mais il faudra pour cela qu'il ne s'introduise pas, dans le phénomène, d'autres facteurs d'action, des vibrations sonores, par exemple, si le pêcheur fait du bruit, sans quoi l'observateur ne pourra plus prévoir le résultat de l'expérience: on ne saura pas à l'avance si la tendance à la fuite déterminée pas la perception du bruit, l'emportera sur la tendance gourmande déterminée par l'appât....

Le rôle trophique des nerfs. — L'assimilation fonctionnelle, nous l'avons vu plus haut, prend chez les animaux à tissus très différenciés une forme particulière; un muscle qui se contracte et qui est déjà *aussi muscle qu'il peut l'être*, ne devient pas plus muscle ; mais il s'accroît en tant que muscle, par assimilation fonctionnelle, si la contraction est véritablement la *fonction* du muscle.

Or, nous voyons maintenant que, ce qui détermine le muscle à se contracter, la glande à sécréter, etc., c'est l'influx nerveux qui lui parvient et qui détermine chez lui une rupture d'équilibre colloïde. Nous sommes donc amenés à cette conclusion intéressante que, en même temps qu'il détermine le fonctionnement d'un élément cellulaire, le nerf joue vis-à-vis de cet élément cellulaire un rôle *trophique* ou nourricier.

Un élément musculaire a beau être irrigué par un sang chargé de substances alimentaires, il n'assimile pas s'il n'est pas contracté sous l'influence d'un nerf; n'assimilant pas, il se détruit lentement.

Et en effet, si l'on coupe le nerf qui aboutit aux muscles d'un membre, on voit ces muscles s'*atrophier* bien vite, quoique le sang continue à leur parvenir. On peut quelquefois obvier partiellement à cet inconvénient par des contractions artificielles — électrostatiques par exemple, — qui mettent les éléments musculaires en état de contraction factice.

Ainsi, les éléments histologiques qui sont commandés par des nerfs, se trouvent, au point de vue de l'assimilation, *des éléments incomplets*. Cela explique la disparition des parties inutiles dans les organismes, et le développement de celles dont on se sert beaucoup.

L'histoire du cœur est intéressante à cet égard. Dans un individu adulte normal, le cœur garde son volume constant; il fait pendant les périodes de repos (diastole) des pertes que contrebalancent exactement ses gains à la période de fonctionnement (systole). Qu'une gêne dans la circulation générale oblige la systole à être prolongée par rapport à la diastole, l'assimilation l'emportera sur la destruction et l'on constate en effet, dans ce cas, une hypertrophie du cœur.

CHAPITRE XXX

La subjectivité dans les corps vivants et les corps bruts.

Nous avons fait, au chapitre précédent, une étude *purement objective* des faits biologiques dans lesquels interviennent les surfaces sensorielles et le système nerveux. Nous n'avons pas développé, il est vrai, une étude de détail de ces faits, mais nous en avons donné une formule générale qui permet de les concevoir en entier :

Rupture d'équilibre au niveau d'une surface sensorielle ;

Transmission, par un influx nerveux centripète, de cette rupture d'équilibre à un centre nerveux ;

Distribution de cet influx dans le centre nerveux, suivant son état d'équilibre actuel et suivant les chemins de moindre résistance ;

Aboutissement de certaines parties de l'influx ainsi distribué à des nerfs centrifuges qui transmettent une rupture d'équilibre à des éléments moteurs.

Tout cela est purement *objectif*, et nous pouvons le comprendre quoique nous ne sachions pas, en général, en prévoir les résultats.

Ce qui nous étonne, en revanche, beaucoup, c'est que le résultat de tout cela soit *utile* à l'individu qui en est le siège ; mais il faut séparer la question et laisser à l'*origine des espèces* le soin de nous expliquer l'adaptation progressive des mécanismes animaux aux conditions de milieu dans lesquelles ils vivent. Cette question aussi sera purement objective, et nous l'étudierons scientifiquement.

Mais une question se pose invinciblement en moi, en cet endroit de l'étude des phénomènes biologiques, et je pense qu'elle doit se poser aussi dans la subjectivité des lecteurs, s'ils me ressemblent et s'ils ont une subjectivité, ce dont je ne puis avoir aucune preuve objective. Cette question est absolument indépendante de l'étude objective des faits, et je pourrais, en bonne logique, la passer sous silence; je ne m'en occupe que pour montrer justement qu'elle ne présente aucun intérêt pour l'étude de la biologie objective, et qu'elle a seulement une influence sur le langage dans lequel on peut raconter les phénomènes vitaux.

Voici cette question :

Tous ces phénomènes si complexes de conduction et de distribution de ruptures d'équilibre à travers mon système nerveux, phénomènes si merveilleux et dont la mesure est si difficile que, dans l'état de la science, elle paraît impossible à beaucoup, *je les connais*, d'une manière qui m'est personnelle et qui n'est pas accessible à mon voisin; je ne les connais pas *indirectement* par l'emploi de l'œil ou de l'oreille, comme je connais les phénomènes qui se passent en dehors de moi, mais *directement*, par une *propriété propre* de la substance même dans laquelle se produisent les ruptures d'équilibre en question ; et, les connaissant de cette manière directe, je les raconte dans un langage particulier que l'on appelle le langage *psychologique*; je ne parle pas ainsi de ruptures d'équilibre, de leur conduction et de leur distribution, mais de sensations, d'associations d'idées, de volitions, etc... Et cependant, ces sensations, ces associations d'idées, ces volitions, sont les *mêmes* phénomènes qu'un observateur étranger décrirait dans mon système nerveux sous le nom de ruptures d'équilibre et de transmission de ces ruptures d'équilibre par les chemins de moindre résistance.

Il y a donc deux manières d'observer les phénomènes nerveux, la manière externe, objective ou physiologique, et la manière interne, subjective ou psychologique. La première est accessible à tous[1] ; la seconde est réservée à l'être même qui est le siège des phénomènes observés.

Bien des gens s'étonneront que les mêmes phénomènes se présentent sous des formes si différentes et, en apparence, si irréductibles, suivant le mode d'observation, mais l'exemple familier des phénomènes sonores, phénomènes dont je me suis déjà servi dans les chapitres précédents pour des comparaisons commodes, suffira, je l'espère, à faire disparaître tout étonnement.

Je puis étudier de deux manières les mouve-

1. Mais très difficile en pratique.

ments vibratoires de l'air que l'on appelle mouvements sonores :

1° Directement, au moyen de mes oreilles, de mon organe auditif, qui me fait connaître ces mouvements sous forme de *son*, de manière que je puisse les raconter dans le langage *musical*;

2° Indirectement, au moyen d'appareils enregistreurs, par exemple, qui, par l'inscription d'une ligne sinueuse sur un cylindre enduit de noir de fumée, me permettront d'étudier ces mouvements au moyen de mes yeux et de les raconter dans le langage descriptif qui s'applique à toutes les quantités de la géométrie et de la mécanique.

A priori, il semble incroyable que ces deux narrations si *essentiellement* différentes se rapportent au même objet; et cependant, il a suffi à Edison de remplacer, sur le cylindre enregistreur, la feuille de papier noirci par une substance capable de recevoir en creux l'impression du stylet de la plaque vibrante, pour que le phonographe fut créé, et que, par conséquent, il fut possible ensuite à n'importe quel observateur doué d'yeux et d'oreilles, de lire à volonté l'inscription du cylindre, soit dans le langage des yeux, par des descriptions de formes géométriques, soit dans le langage des oreilles, par des séries musicales de sons. Ainsi a été établi expérimentalement, par un homme de génie, le parallélisme entre l'acoustique, étude visuelle des sons, et la musique, étude auditive des mouvements vibratoires.

Quel Edison inventera le *phrénographe* qui

permettra, de même, d'établir un parallélisme expérimental entre la description psychologique des *états de conscience* et la description physiologique ou objective des ruptures d'équilibre qui se transmettent dans le système nerveux? Cette découverte ne sera pas saluée avec joie par l'humanité; chacun de nous est jaloux de sa subjectivité, et ne serait pas heureux que des observateurs étrangers pussent lire, même dans un langage tout différent du langage psychologique, les modifications intimes de son organe pensant; mais, que cette découverte soit possible, théoriquement, la science moderne l'a prouvé en nous montrant qu'on peut faire une étude objective *complète* des êtres vivants. Ce *for intérieur* dont nous sommes si fiers et si jaloux, ce n'est que l'observation, par une méthode, réservée il est vrai à chacun de nous, de phénomènes mesurables, de ruptures d'équilibre, que des étrangers peuvent entreprendre d'étudier. Il est vrai que ces étrangers, même s'ils étudient objectivement toutes ces ruptures d'équilibre, ne *sentiront* pas ce que nous sentons, n'*éprouveront* pas ce que nous éprouvons; nos sensations intimes leur échapperont toujours comme le son échappe fatalement à un sourd qui fait de l'acoustique au moyen de ses yeux.

La qualité sonore des vibrations de l'air, qualité inaccessible à un sourd, mais sensible à un homme normal, accompagne, *sans en modifier en rien le caractère visuel*, les mouvements vibratoires dits sonores. On peut dire que cette qualité sonore est un *épiphénomène* des mouvements vibratoires considérés comme mouvements. C'est dans le même sens que Maudsley d'abord, Huxley ensuite, ont qualifié d'*épiphénomènes* les faits de perception directe, par un individu, des ruptures d'équilibre qui se produisent et se propagent dans son système nerveux. L'épiphénomène psychologique accompagne, sans le modifier en rien, le phénomène physiologique mesurable de rupture d'équilibre. Chacun de nous sait que ces épiphénomènes psychologiques accompagnent un très grand nombre des mouvements de son cerveau, mais il doit se borner à constater les phénomènes objectifs qui se produisent chez ses voisins, sans pouvoir espérer jamais savoir si des épiphénomènes de conscience se produisent également chez ce voisin.

La conscience universelle. — Cependant, si nous n'avons aucun moyen de savoir avec certitude ce que sentent nos semblables, si nous sommes réduits à croire à ce sujet ce qu'ils nous disent, à observer le phénomène objectif de la parole articulée qui est une conséquence, un aboutissant des ruptures d'équilibre produites dans leurs cerveaux, le raisonnement par analogie nous amène à penser qu'ils sont faits comme nous, et que des mouvements qui, chez nous observateurs, s'accompagnent d'états de conscience, doivent, s'ils se produisent chez eux, être également connus d'eux en langage psychologique. Nous avons la même anatomie, la même histologie, la même physiologie; nous mangeons le même pain, nous buvons le même vin et le même lait; nous construisons, comme eux, nos membres et notre cerveau, par assimilation fonctionnelle, au moyen des mêmes éléments organiques ou bruts. Il est donc vraisemblable que ce qui se passe en nous a son équivalent en eux.

Une analogie plus lointaine nous amène à penser que des choses de même ordre existent chez les chiens, chez les oiseaux, les lézards, les poissons, qui, comme nous, ont un cerveau, une moelle épinière et des nerfs.

Une analogie plus lointaine encore, mais qui tire sa valeur du raisonnement par continuité, nous conduit à la même conclusion relativement aux escargots, aux oursins, aux hydres, et finalement aux protozoaires qui sont, comme nous formés d'un protoplasma colloïde où se poursuit le phénomène d'assimilation.

Nous sommes, finalement, amenés à croire à la conscience protoplasmique, c'est-à-dire à penser que l'être protoplasmique le plus simple est au courant, dans un langage psychologique ou subjectif, de quelques-unes au moins des ruptures d'équilibre qui se produisent et se propagent dans sa substance.

Ceci est une pure hypothèse, parfaitement métaphysique, c'est-à-dire, invérifiable, mais qui est néanmoins plus vraisemblable que l'hypothèse inverse dans laquelle je m'attribuerais la conscience à moi seul, observateur, centre du monde que j'observe.

Ayant été amené, par continuité, à croire à la conscience protoplasmique, je ne puis refuser la même conscience aux protoplasmas végétaux.

Mais il faut immédiatement faire remarquer que la conscience, dont est probablement doué chaque être protoplasmique, est uniquement la conscience *de ce qui se passe en lui* et qui est spécial à sa nature ; il faut éviter l'erreur dans laquelle sont tombés quelques-uns des détracteurs de la théorie de la conscience épiphénomène, erreur qui consiste à prétendre que Huxley a attribué à l'hydre ou à l'amibe *les pensées de l'homme*. L'hydre et l'amibe sont au courant de quelques-uns des phénomènes qui se passent dans leur sein, comme cela a lieu pour l'homme, mais il y a autant de différence entre la conscience du châtaignier et celle de l'homme qu'il y a entre la structure de l'arbre et celle de l'animal. L'homme provient d'un œuf qui, comme complexité structurale, n'est pas plus qu'une amibe ; l'activité assimilatrice de l'œuf produit l'homme, qui ne préexistait pas dans l'œuf, en même temps que s'édifie la conscience humaine qui n'existait pas non plus dans l'œuf. L'œuf a une conscience d'œuf, comme l'embryon une conscience d'embryon. La seule hypothèse permise est en effet de penser qu'il y a une subjectivité dans chaque être protoplasmique, et que cette subjectivité est le reflet fidèle des phénomènes mesurables qui s'y passent.

Faisons un pas de plus : l'œuf construit l'homme en assimilant des substances mortes ; nous ignorerons toujours si les substances mortes ont une subjectivité, et certains métaphysiciens ont pu prétendre que le fait d'être conscient pouvait dériver de l'*agencement* de parties dépourvues de conscience.

Il serait puéril de discuter au sujet de choses invérifiables.

Mais, pour tout savant convaincu, par une étude désintéressée, de l'absence de différence *essentielle* entre les phénomènes de la vie et les phénomènes de la nature brute, il est infiniment plus vraisemblable d'admettre ceci :

De même que l'être vivant se construit au moyen de substances dépourvues de vie, de même la conscience de l'être vivant, tableau fidèle des phénomènes qui se passent dans sa structure, se construit au moyen de consciences de substances mortes. Ainsi, à la notion de vie universelle (notion pénible pour tout philosophe épris de précision, puisqu'elle enlève à la vie sa signification première de qualité distinguant les vivants des morts) se substitue la notion de la *conscience universelle* qui, si elle est indémontrable, rend du moins fort simple le passage de la chimie brute à la chimie vivante. Il n'y a plus de fossé entre les corps de la nature, plus de différence fondamentale entre des corps, qui se transforment les uns dans les autres, indéfiniment. Mais, à chaque structure spécifique, correspond une conscience spécifique qui en est la traduction subjective.

La mémoire, caractéristique de la vie. — Ce qui s'accompagne d'états de conscience chez l'homme, c'est, non pas une structure fixe, comparable à celle d'un palais construit de pierres et de madriers, mais bien la production et la propagation de ruptures d'équilibre dans un système nerveux, dans une substance vivante. Procédant par analogie, nous ne devons pas attribuer aux substances protoplasmiques ou mortes autre chose que ce qui nous a servi de point de départ; nous ne devons donc pas penser qu'un système *statique* quelconque possède la conscience de sa structure immuable; nous devons admettre seulement que ce sont les ruptures d'équilibre qui éveillent les états de conscience correspondants. Si donc nous sommes conduits à attribuer aux corps bruts, aux molécules chimiques, les *éléments* de la conscience de l'homme, nous devons penser que ces éléments de conscience ne se manifestent, par des états de conscience, dans la subjectivité de la molécule, qu'au moment d'une rupture d'équilibre.

Et ceci nous conduit à admettre, même au point de vue subjectif, une différence très nette entre les corps vivants et les corps bruts. En effet, la caractéristique objective de la vie est l'assimilation fonctionnelle ; c'est-à-dire qu'un mécanisme structural, vivant, *consolide sa structure* en fonctionnant. Les ruptures d'équilibre dont l'ensemble constitue le fonctionnement, conduisent donc à un état structural nouveau qui, ou bien est identique à l'ancien, ou bien est encore plus développé dans le sens fonctionnel considéré. L'épiphénomène correspondant à l'assimilation fonctionnelle se trouve donc être la *mémoire élémentaire*, la série des ruptures d'équilibre construisant au lieu de la détruire, la structure préexistante.

Au contraire, dans un corps chimique, une rupture d'équilibre se traduit forcément par une destruction ; les corps qui résultent de la rupture sont *différents* de ceux dont ils proviennent ; la sensation de rupture est donc, si elle existe, absolument extemporanée ; la *mémoire* n'existe pas chez les corps bruts.

En continuant dans cette voie de l'hypothèse logique, mais non vérifiable, nous trouverions de même que les colloïdes occupent, au point de vue subjectif, une situation intermédiaire entre les corps vivants et les corps de la chimie, à cause de l'*assimilation physique* dont ils sont capables quand ils jouent le rôle de diastases ; nous pourrions aussi considérer le système nerveux de l'homme comme étant, au point de vue subjectif, un véritable être à part, un réseau parasitaire continu s'infiltrant dans une agglomération de cellules isolées les unes des autres à la manière des cellules végétales, etc., etc.

Tout cela n'est qu'un ensemble d'hypothèses métaphysiques ; il me semble cependant qu'elles résultent de déductions parfaitement logiques, et qu'elles doivent par conséquent s'imposer à tout savant dépourvu d'idées préconçues relativement à l'existence d'une différence *essentielle* entre les corps vivants et les corps bruts.

Le côté par lequel ce système très cohérent répugne à beaucoup d'esprits est la nécessité, qui en résulte fatalement, de refuser à l'animal une *volonté libre*, au sens absolu du mot. Nous avons tous en effet la conviction enracinée de notre liberté absolue et cela se comprend aisément ainsi que je l'ai déjà exposé précédemment.

Un animal A, fonctionnant dans des conditions B produit un fonctionnement qui dépend à la fois de A et de B, c'est-à-dire que ce fonctionnement est *déterminé* par l'état A de la structure animale au moment considéré et par l'état correspondant B du milieu. Aussi peut-on représenter symboliquement l'acte résultant par la formule (A × B).

Mais, la subjectivité de l'individu étant limitée à son corps A, ses épiphénomènes de conscience lui font connaître seulement le facteur A de la formule symbolique (A × B). Et comme la détermination prise par l'individu n'est pas entièrement le résultat de l'état connu A, l'animal s'imagine qu'il y a en lui quelque chose de mystérieux qui lui permet de choisir *librement* entre diverses possibilités, tout en tenant compte, dans la mesure qui lui convient, de la connaissance incomplète qu'il a du milieu par l'intermédiaire, de ces organes des sens.

Cela suffit à expliquer l'illusion de la volonté libre, et de la mettre d'accord avec la théorie de la conscience épiphénomène.

Laissons maintenant de côté ces questions métaphysiques, en nous rappelant seulement que le fait, pour l'homme, d'avoir découvert sa place dans la nature, d'avoir compris qu'il est dans la nature au même titre que l'eau et le charbon, lui a permis, par une induction légitime, de pénétrer en quelque sorte la subjectivité de la matière en comprenant qu'il est lui-même fait de matière et qu'il a cependant une subjectivité.

HUITIÈME PARTIE

L'ÉVOLUTION DANS LA MATIÈRE VIVANTE ET LA MATIÈRE BRUTE

CHAPITRE XXXI

L'hérédité au sens large et l'évolution individuelle.

La loi que nous avons établie précédemment, savoir qu'un corps vivant se comporte à chaque instant, comme il le fait, sous l'influence de deux facteurs faciles à séparer dans le langage, est également vraie pour les corps bruts. Le mot *fonctionnement* employé pour les êtres vivants n'est pas ordinairement utilisé dans l'histoire des corps inorganiques ; on dit plutôt *réaction*, quand il s'agit d'un corps chimiquement défini qui se transforme sous l'influence de conditions nouvelles, ou simplement *action* quand aucune transformation chimique n'est réalisée. Mais, à part cette différence des mots employés, la constatation est générale :

Un corps défini A *agit*, dans un ensemble de

circonstances représenté par B, d'une manière qui tient à la fois de la structure de A et de la nature des facteurs du terme B, d'une manière qui peut, par conséquent, se représenter symboliquement par la formule $(A \times B)$. Et le corps qui s'appelait A, avant cette action $(A \times B)$, devient ensuite A_1, corps nouveau, entièrement défini par ce qu'était A et ce qu'a été la réaction $(A \times B)$.

Une des principales difficultés de la généralisation aux corps bruts de cette formule d'*évolution*, c'est que, au contraire des corps vivants qui, continuant de vivre, conservent une individualité plus ou moins facile à définir, les corps bruts se détruisent souvent en agissant, se détruisent même toujours en réagissant chimiquement, de sorte qu'il est illusoire de vouloir chercher à retrouver le corps A_1, dans lequel s'est transformé le corps A. Si, par exemple, je fais passer un morceau de charbon A dans des circonstances B contenant de l'oxygène et une flamme, j'obtiendrai ensuite de l'acide carbonique, qui pourra être considéré aussi légitimement comme provenant de l'oxygène que comme provenant du charbon. La définition de l'individualité des corps bruts est trop fantaisiste pour que l'on puisse *suivre* un corps brut à travers ses transformations successives, comme on le fait pour un corps vivant, qui reste *reconnaissable*, même quand il subit de profondes modifications en restant vivant.

En général, lorsqu'il s'agit uniquement de corps bruts, on devra dire : Le corps A se trouvant en présence des circonstances B, il en résulte, par l'action (A × B), un nouvel état de choses C, qui est défini par A, B et (A × B).

Dans l'ensemble C, je pourrai ensuite, suivant ma fantaisie, décrire un corps A_1 et un ensemble B_1, mais je pourrai le faire d'un grand nombre de manières. Cependant, quand il s'agit de corps solides qui subissent des transformations assez lentes pour que la continuité de leur existence *en tant que corps solide*, soit évidente, nous employons le langage individualiste des corps vivants, et nous commettons le même abus, c'est-à-dire que nous conservons au corps ainsi suivi, le *nom* même qu'il avait au début, malgré les transformations qu'il a subies. Voici par exemple un bâton de craie que nous traitons par le phosphore dans des conditions convenables ; nous obtenons du *phosphure de calcium*, mais le bâton a conservé sa forme de parallélipipède et est seulement devenu chocolat ; nous dirons que notre *bâton de craie* a bruni ; c'est là une manière de parler fautive, mais absolument courante. Quand il s'agit de corps bruts, il est préférable de parler toujours de l'ensemble C des résultats d'une réaction ; mais, quand il s'agit de corps vivants, on ne peut pas s'empêcher de considérer plus particulièrement ce qu'est devenu le corps vivant lui-même en négligeant le milieu, l'ensemble B de facteurs. Et même, on conserve toujours *la même dénomination* au corps vivant après qu'il a agi, ce qui est la source d'un grand nombre d'erreurs de raisonnement, car on croit aisément à l'identité de deux objets désignés de la même façon.

Le langage correct est celui que nous avons

employé précédemment : Le corps vivant A, ayant exécuté dans les circonstances B l'opération $(A \times B)$ est devenu A_1. Mais, tant que A reste vivant, A_1 ressemble assez à A (sauf dans les cas de métamorphoses que nous étudierons tout à l'heure), pour que l'on soit plus frappé des ressemblances qui les rapprochent que des différences qui les séparent.

On donne le nom d'*hérédité au sens large* à l'ensemble des caractères qu'un corps A *transporte avec lui* à travers les changements du milieu. Quand un animal est adulte, son hérédité ainsi définie ne paraît pas changer beaucoup ; les modifications qu'il subit, et qu'il peut ensuite transporter avec lui sont assez faibles pour passer inaperçues ; cependant elles ne sont pas nulles ; elles ne peuvent pas être nulles ; à chaque instant, le corps A soumis aux conditions B, et exécutant la fonction $(A \times B)$, devient, par là même, un nouveau corps A_1, qui est déterminé par A, et par $(A \times B)$.

On donne le nom d'*évolution individuelle* à la série des formes $A_1, A_2, A_3, \ldots A_n$, que prend un être donné A, depuis sa naissance jusqu'à sa mort, à travers les ensembles de circonstances $B_1, B_2, \ldots\ldots B_n$. Ces transformations sont telles, nous l'avons vu, que la forme A_2 est déterminée par la forme A_1 et par la fonction $(A_1 \times B_1)$, ce que l'on peut exprimer par les formules symboliques :

$$A_1 + (A_1 \times B_1) = A_2,$$
$$A_2 + (A_2 \times B_2) = A_3,$$
$$\ldots\ldots\ldots\ldots,$$
$$A_{n-1} + (A_{n-1} \times B_{n-1}) = A^n.$$

En langage courant, ces formules symboliques signifient que l'être, envisagé à un moment donné de son existence, provient de ce qu'il était à un moment antérieur, et de tout ce qu'il a exécuté dans l'intervalle.

On donne le nom d'*éducation au sens large* à la série des termes B_1, B_2, ... B_n, représentant les ensembles de circonstances qu'a traversés l'être vivant depuis le stade A_1, jusqu'au stade A_n.

On peut donc, en tenant compte des définitions précédentes, exprimer d'une nouvelle manière les formules symboliques écrites plus haut. La structure A_n d'un être vivant à un moment donné de son existence, ou, ce qui revient au même son hérédité à ce moment donné est entièrement déterminée si l'on connaît l'une de ses hérédités antérieures A_1 et l'éducation (B_1, B_2, ... B_n) qui a séparé l'état A_1 de l'état A_n.

On a l'habitude de prendre comme point de départ l'hérédité initiale, l'hérédité de l'œuf, et de faire commencer à l'œuf la série des termes B qui constituent l'éducation; on dit alors plus succinctement :

Tout être vivant est le produit de son hérédité et de son éducation.

Cette formule très simple a le grand avantage de rappeler à chaque instant que la vie d'un être ne réside pas dans cet être lui-même, mais résulte toujours de la lutte de deux facteurs : le corps de l'animal (hérédité) et l'ensemble des circonstances ambiantes (éducation).

Assimilation et morphogenèse. — L'évolution

individuelle dont nous venons de détailler les grandes lignes peut, nous l'avons vu, être envisagée à deux points de vue : le point de vue de l'assimilation chimique ou fabrication de substances semblables à celles du corps qui agit, et le point de vue de la morphogenèse ou fabrication des formes successives de l'individu. Le théorème *morphobiologique*, que nous avons précédemment établi, empêche que ces deux points de vue soient séparables ; il y a en effet un lien de cause à effet entre la fabrication de substance vivante et la construction correspondante des formes individuelles. Réciproquement la forme de l'individu au stade A_n étant un des éléments évidents de la détermination du fonctionnement $(A_n \times B_n)$, la loi d'assimilation fonctionnelle prouve que l'assimilation qui se produit dans le corps A_n n'est pas indépendante de la forme de ce corps considéré comme mécanisme.

Ce que nous avons dit précédemment de l'assimilation fonctionnelle, dans les cas où la division du travail physiologique a produit une différenciation cellulaire, nous dispense de revenir plus longuement sur ce sujet.

La question vraiment capitale qui se pose à nous relativement à l'évolution individuelle des êtres vivants est celle de savoir jusqu'à quel point, étant connue l'hérédité d'un être, on peut *prévoir* quelle sera son évolution. Ce qui détermine A_n c'est, en effet, non seulement A_1, mais encore la série éducative B_1, B_2, B_3, ... B_{n-1}. Or, si nous connaissons A_1, nous ne connaissons aucun terme de la série B. En toute rigueur, nous devons donc penser que nous sommes dans l'impossibilité de rien prévoir relativement à A_n. « Sera-t-il Dieu, table ou cuvette ? » nous l'ignorons ; cette larve que nous voyons peut être mangée par un oiseau, écrasée par un caillou, transformée en une momie dans l'aldéhyde formique ; il y a une infinité de « peut-être » entre lesquels rien ne nous permet de choisir d'avance.

Mais, tous les cas que je viens de citer n'intéressent pas le biologiste ; le problème de l'évolution individuelle ne consiste pas à prévoir ce que deviendra un être vivant dans des conditions *quelconques*, mais bien dans des conditions telles que cet être *continue de vivre*. Cela limite singulièrement les possibilités pour l'avenir. L'observation nous prouve en effet que les variations permises à un être vivant ne peuvent pas, sous peine de mort, sortir d'un certain cadre. Un jeune renard deviendra un renard adulte et sûrement pas un hareng ou un cheval. Mais ce résultat n'est pas pour nous étonner étant donné ce que nous savons déjà ; un renard qui continue de vivre ne peut que *renarder* et, *renardant*, il construit un renard par assimilation fonctionnelle.

En d'autres termes, la conservation de la vie ou renouvellement du milieu intérieur ne peut s'exécuter que par le jeu des organes préexistants de l'animal, par le fonctionnement des *outils* qui constituent son corps ; ces outils, en fonctionnant, se développent par assimilation fonctionnelle ; l'un d'eux peut, dans certaines circonstances, se développer plus qu'un autre, ce qui introduit, dans l'économie de l'individu, des variations quantitatives; encore ces variations quantitatives sont-elles limitées par la coordination générale ; l'hypertrophie d'un organe, l'atrophie d'un autre, ne peuvent dépasser certaines limites sans entraîner la mort de l'animal.

C'est pourquoi l'on est en droit de dire que l'*hérédité de l'œuf* détermine, dans une certaine mesure, l'avenir de l'être qui en sortira. On ne peut prévoir si l'être vivra ou s'il mourra, mais on peut affirmer que, s'il vit, ses variations seront comprises entre certaines limites ; on peut affirmer en particulier que l'être appartiendra, par ses caractères morphologiques, à l'espèce qui a fourni l'œuf dont il provient.

A mesure que l'être vieillit, du moins chez les espèces à squelette persistant comme l'espèce humaine, les variations qui lui sont permises deviennent de plus en plus restreintes ; le squelette qui fige toutes les parties du corps en fait, de plus en plus, un mécanisme très précis et très exigeant. Ce qui n'empêche pas qu'un vieillard puisse, par exemple, devenir manchot.

Il faut d'ailleurs remarquer que, même dans les premiers temps de la vie, les conditions dans lesquelles se développe un jeune embryon sont très peu variables ; sans parler des mammifères ou des oiseaux, chez lesquels les conditions du développement sont étonnamment constantes, quelles variations peut-on constater dans l'eau de mer où pousse un œuf d'oursin ou de hareng ? à peine quelques variations de température ou de salure ; et d'ailleurs, si ces variations dépassent certaines limites, l'embryon meurt.

Aussi dit-on généralement, et cela avec un degré de précision que les considérations précédentes permettent d'évaluer, que l'*animal est déterminé dans l'œuf*. On sait d'avance que l'animal qui sort de l'œuf *ressemblera* à celui qui a fourni l'œuf, et c'est ainsi que la signification courante du mot *hérédité* ne diffère pas de celle que nous venons de lui donner dans une définition rigoureuse.

On donne en général le nom d'hérédité au fait que les enfants ressemblent à leurs parents (je laisse de côté, pour le moment, la difficulté provenant de la reproduction sexuelle qui fait que l'enfant provient de deux parents) ; or cette *hérédité-ressemblance* résulte de l'*hérédité-structure* de l'œuf, puisque c'est l'*hérédité-structure* de l'œuf qui, dans de certaines limites, détermine la forme des enfants. Mais il faut remarquer tout de suite que l'*hérédité-structure* est une simple définition : nous avons appelé *hérédité de l'œuf*, sa structure physico-chimique ; tandis que l'*hérédité-ressemblance* est un théorème biologique que l'observation quotidienne a démontré, savoir que l'*hérédité-structure* de l'œuf fourni par un être, détermine chez l'enfant de cet être, une constitution morphologique qui ressemble à celle du parent, *pourvu que la mort ne soit pas survenue*. Or, l'œuf est en général très petit et d'une structure relativement simple en apparence (ce qui veut dire que, par les procédés optiques, nous n'y voyons rien) ; le fait qu'un œuf si petit reproduit un animal doué d'une si merveilleuse constitution a de tout temps été considéré comme un des phénomènes les plus merveilleux de la nature.

La structure de l'hérédité de l'œuf. — Le langage synthétique que nous avons employé jusqu'à présent nous empêche d'éprouver le besoin de connaître la structure de l'hérédité de l'œuf, ou du moins, nous console de ne pas la connaître dans l'état actuel de la science. La série de nos formules symboliques de tout à l'heure :

$$A_1 + (A_1 \times B_1) = A_2,$$
$$A_2 + (A_2 \times B_2) = A_3,$$
$$\dots\dots\dots\dots ;$$
$$A_{n-1} + A_{n-1} \times B_{n-1} = A_n,$$

décompose toute l'évolution individuelle d'un individu en une série d'assimilations fonctionnelles successives, dont chacune, séparément, est relativement simple. Et je fais remarquer que, avec la définition très large que nous avons donnée plus haut du fonctionnement, il n'y a aucune difficulté à employer le langage de l'assimilation fonctionnelle, aussi bien pour le poussin encore emprisonné dans l'œuf, que pour le poulet qui marche et mange ; les fonctions sont différentes, mais elles sont toujours définies par la formule synthétique $(A \times B)$, où B représente toutes les conditions extérieures qui ont une importance dans la détermination du fonctionnement individuel. Si donc nous voulons nous expliquer comment le poulet est provenu de l'œuf, nous devons remonter du poulet à l'œuf, et décomposer toute son existence en la série de ses fonctionnements successifs ; chaque stade de l'évolution sera expliqué par le stade immédiatement précédent et par le fonctionnement qui a séparé les deux stades. Ce fonctionnement intermédiaire dépend du facteur B qui n'est pas compris dans le poulet, mais, du moment que le poulet a continué de vivre, ce fonctionnement a compris nécessairement, à côté de parties variables et fantaisistes, le renouvellement du milieu intérieur qui développe fatalement, par assimilation fonctionnelle, certaines parties du poulet; or, ces parties sont précisément les parties essentielles de son organisme ; ainsi se conserve, à travers tous les fonctionnements qui entretiennent la vie, *le caractère poulet.*

Ce *caractère poulet* existait déjà dans l'œuf, sans que nous sachions le définir autrement; c'est cette *gallinité* (de *gallina,* poule), qui, dans l'hérédité de l'œuf, détermine, sous peine de mort, le développement dans le sens poulet. En étudiant au microscope la structure de l'œuf de poule, nous ne savons pas y distinguer la *gallinité;* nous définissons cette *gallinité,* soit par l'origine de l'œuf, soit par le résultat de son développement quand il est dans les conditions requises pour ne pas mourir.

C'est exactement le même cas que nous avons rencontré précédemment pour les diastases; nous ne pouvons les définir que par leur origine ou par leur résultat; et même, le plus souvent, il fallait, pour une définition complète, connaître à la fois l'origine et le résultat. Or, un œuf, c'est beaucoup plus compliqué qu'une diastase ; cela se compose, en particulier, d'un grand nombre de diastases superposées, et qui, expérimentalement, peuvent quelquefois être séparées les unes des autres. Nous n'avons donc pas, pour le moment, la prétention de savoir reconnaître l'*espèce* d'un œuf, autrement que par sa mère ou par son produit.

Mais depuis fort longtemps, n'ayant pas fait tous les raisonnements que nous venons de faire, n'ayant pas décomposé l'évolution individuelle en une série d'assimilations fonctionnelles qui rentrent toutes dans le même cadre général, un grand nombre de naturalistes se sont proposé d'expliquer, par une structure hypothétique de l'œuf, le fait merveilleux que cet œuf détermine presque complètement l'évolution de l'animal vivant qui en provient.

La première opinion, la plus simpliste, a été qu'il existait dans l'œuf un petit être minuscule, semblable à l'adulte, et qui n'avait qu'à grandir. Cette hypothèse, que l'observation a démontrée inexacte, laissait intacte la difficulté des assimilations fonctionnelles successives, en les remplaçant seulement par des assimilations simples en chaque point de l'organisme préexistant, ce qui excluait toute possibilité de variation. Et cependant, on l'a généralement trouvée si séduisante que, lorsque le microscope en a démontré la fausseté, des savants de la valeur de Darwin et de Weismann ont essayé de la faire revivre sous une forme équivalente, celle des *particules représentatives*.

J'ai déjà fait précédemment (ch. VI) le procès de cette décomposition artificielle d'un individu adulte en *caractères*, choisis au hasard, et qui devaient être représentés dans l'œuf par des particules invisibles. Évidemment, le poulet est déterminé dans l'œuf, puisque, chaque fois que l'œuf vient à bien, il donne un poulet. Mais il s'agit de savoir *comment* il est déterminé, quels sont, en d'autres termes, les caractères *poulet* qui existent dans l'œuf, comme dans le poussin, comme dans le poulet adulte. Toute hypothèse *a priori* à ce sujet ne peut être que stérile. Il vaut mieux, pour ne pas préjuger de l'avenir et pour raconter les faits d'une manière aussi dépourvue que possible d'hypothèses implicitement admises, employer un langage très général.

J'ai proposé d'appeler *patrimoine héréditaire*, ce quelque chose qui est commun à l'œuf et aux stades successifs de l'animal qui en provient. Ce *patrimoine héréditaire* n'est qu'une expression commode pour supprimer toutes les appellations spécifiques bizarres, comme *gallinité*, *harengéité*, etc... Peut-être est-il susceptible d'être décomposé en éléments distincts capables de multiplication et de destruction indépendantes, de telle manière que, au cours de la vie individuelle, des variations *quantitatives* du patrimoine héréditaire sont possibles sous l'influence de l'assimilation fonctionnelle. Ces éléments distincts sont peut-être des diastases, peut-être des substances chimiques définies, peut-être les unes et les autres à la fois. Quand on raisonne sans vouloir engager l'avenir, il vaut mieux les représenter par des lettres, sans avoir la prétention de les connaître autrement.

Nous avons représenté par les symboles A_1, A_2..., A_n, les formes successives d'un individu en voie de développement. Si le développement a eu lieu dans des conditions favorables à l'espèce considérée, dans des conditions où cette espèce vit depuis de longues générations et auxquelles elle est *habituée*, on peut penser que le patrimoine héréditaire a de l'œuf, se transmet intégralement aux individus A_1, A_2..., A_n; mais il est plus vraisemblable, et plus général, de penser que le patrimoine héréditaire a de l'œuf subit, au cours des assimilations fonctionnelles successives, des variations quantitatives. Nous dirons donc que, aux formes successives A_1, A_2..., A_n, correspondent des patrimoines héréditaires a_1, a_2..., a_n, et ainsi nous sommes amenés à ne pas séparer la question de l'*hérédité*, au sens étroit d'hérédité rigoureuse, de la question, bien plus vaste et plus générale, de l'*hérédité des caractères acquis*. L'hérédité sans modification aucune du patrimoine héréditaire qui se transmet des parents aux enfants n'est qu'un cas particulier et très restreint, du cas vraiment général de l'hérédité des caractères acquis.

CHAPITRE XXXII

L'hérédité des caractères acquis.

Le patrimoine héréditaire de l'œuf se transmet, au cours des assimilations fonctionnelles successives, à toutes les parties nouvelles qui s'ajoutent au corps de l'individu croissant. Ce patrimoine héréditaire est accompagné, dans les diverses parties de l'individu, de caractères locaux ou topographiques, caractères colloïdes spéciaux qui font de tel protoplasma un muscle, de tel autre un neurone, de tel autre un épithélium.

L'enfant ressemble au parent en vertu du théorème morphobiologique ; si donc, en un point du parent, il existait un élément capable de vivre seul, capable de se soustraire sans mourir à la coordination générale, un élément reproducteur en un mot, un élément analogue se retrouvera au point correspondant de l'enfant. (Je supprime toujours ici la difficulté provenant de la reproduction sexuelle que nous étudierons dans un chapitre à part.)

Cet élément reproducteur, qui apparaît chez l'enfant, tiendra son patrimoine héréditaire de l'œuf qui a donné l'enfant, à travers les variations successives déterminées par les assimilations fonctionnelles. Les variations successives ont toujours été limitées par la nécessité de la conservation de la vie, il est donc à prévoir que le patrimoine héréditaire de l'œuf fils différera *très peu* de celui de l'œuf parent. Et même, nous l'avons vu, si l'animal vit dans des conditions auxquelles son espèce est depuis longtemps accoutumée, les variations du patrimoine héréditaire pourront être considérées comme nulles ; on pourra admettre sans erreur sensible que le patrimoine héréditaire de l'œuf enfant est identique au patrimoine de l'œuf parent.

Mais si des modifications importantes se produisent dans les conditions de vie de l'espèce, une adaptation nouvelle sera nécessaire sous peine de mort : l'animal variera donc par assimilation fonctionnelle, s'il ne meurt pas ; c'est-à-dire que quelques-unes de ses parties constitutives se développeront plus que d'autres qui au contraire resteront en décroissance. Ce sont ces variations de la structure générale de l'être que l'on appelle ordinairement des caractères acquis.

En réalité, en langage rigoureux, on doit dire que tout caractère est un caractère acquis, car, si minimes qu'elles soient, les variations des facteurs éducatifs B ne sont jamais nulles, et nous ne devons pas oublier la formule symbolique :

$$A_{n-1} + (A_{n-1} \times B_{n-1}) = A_n$$

Mais, dans les conditions que l'on considère comme *normales* pour une espèce, à cause d'une habitude prolongée, les variations sont négligeables, parce que les enfants font toujours, à très peu de choses près, à un âge déterminé, ce que leurs parents ont fait au même âge ; en d'autres termes, la série des facteurs B_1, B_2..., B_n, est à peu près la même pour les enfants que pour les parents.

Dans le cas où des facteurs B *nouveaux*[1] se trouvent introduits dans l'éducation des enfants, ces enfants s'y adaptent par assimilation fonctionnelle s'ils ne meurent pas; ils deviennent, par cette adaptation, *différents* de leurs parents.

Le problème de l'hérédité des caractères acquis est le suivant :

1° Lorsqu'un être, soumis à une variation sous l'influence d'un facteur B, acquiert, sous l'influence de ce facteur B, inusité pour son espèce, un caractère C, ce caractère est-il représenté dans le patrimoine héréditaire de cet être ?

2° La modification introduite dans le patrimoine héréditaire est-elle telle que le caractère acquis C se reproduira fatalement chez le fils de l'être modifié, même si le facteur B qui a déterminé la variation du père à un certain âge, ne se retrouve pas au même âge, dans l'éducation du fils ?

Cette question est en général comprise d'une toute autre manière que celle qui nous est suggérée par toutes les considérations précédentes.

Nous savons en effet que nous ne devons pas considérer le caractère C comme une modification locale, analogue à celle que produit une tache sur une statue; l'organisme vivant est un ensembre en équilibre, et toute rupture d'équi-

1. Ces facteurs B peuvent être n'importe lesquels, maladie, mutilation, passage de la vie terrestre à la vie aquatique, etc., etc., le raisonnement est général.

libre, réalisée en un point du corps, se transmet à l'ensemble de l'individu, soit par le milieu intérieur, soit par la continuité protoplasmique. La réponse à la première des questions précédentes est donc fatale [1] :

La variation produite par le facteur B retentit certainement sur le patrimoine héréditaire.

La réponse à la deuxième question est plus délicate.

Il s'agit en effet de savoir si cette variation, qui atteint fatalement le patrimoine héréditaire par retentissement, sur ce patrimoine, de l'état d'équilibre général du corps, reste *fixée* dans le patrimoine héréditaire, même après qu'a cessé ce retentissement. Un ressort reste tendu quand on presse dessus, mais il se détend quand on le lâche. Pour beaucoup de modifications durant peu de temps, il est probable que l'organisme se comporte comme un ressort ; un homme plié en deux sous le faix d'un fardeau, se relève et reprend sa forme normale ; mais, si, tous les jours, pendant plusieurs heures, il reste courbé, il prend le pli. L'équilibre général du corps s'en ressent certainement ; reste à savoir si l'œuf, participant à cet équilibre modifié, est assez fortement impressionné pour emporter avec lui, hors du corps qui l'impressionnait, la modification correspondante, ou bien si, lui aussi, se détend comme un ressort en cessant d'être soumis à la cause de variation.

1. Les néodarwiniens, ayant adopté le système statique de Weismann nient naturellement toute possibilité de transmission des caractères acquis.

Ainsi le problème est double :

1° La cause d'action B a-t-elle agi assez longtemps pour que le corps de l'animal en conserve la trace ?

2° Si l'animal en a conservé la trace, l'œuf est-il resté assez longtemps en relation d'équilibre avec l'animal pour que, sortant de l'animal, il garde l'impression reçue.

Évidemment, c'est seulement dans ce dernier cas que le caractère acquis pourra être héréditaire. Nous retrouvons toujours nos mécanismes emboités ; le mécanisme anatomique de l'animal est mû par les conditions ambiantes ; il retentit secondairement sur l'équilibre de son mécanisme colloïde, lequel, en troisième lieu, peut retentir à son tour sur son mécanisme chimique. Alors, le caractère est bien profondément acquis, et, dans ce cas, la réversibilité des phénomènes de la chimie physique d'une part, le théorème morphobiologique d'autre part, nous permettent d'affirmer que la modification transmise au patrimoine héréditaire de l'œuf se manifestera, à la génération suivante, par un caractère descriptif du même ordre que celui qui avait été directement produit chez le parent. Ainsi, dans le langage de l'équilibre, cette question si mystérieuse de l'hérédité des caractères acquis prend un aspect extrêmement simple...

L'observation prouve que, en général, pour qu'un caractère se fixe définitivement dans l'hérédité d'une race, il faut qu'il soit acquis successivement pendant un assez grand nombre de générations.

Organes rudimentaires. — Lorsqu'un caractère a été *acquis* par une race pendant un grand nombre de générations sous l'influence d'un facteur B, il se transmet à toute la descendance ; il s'y conserve et s'y développe d'autant plus que le facteur B se conserve plus longtemps dans les conditions de vie de l'espèce considérée.

Mais si, au bout d'un certain temps, le facteur B disparaît de l'éducation de l'adulte, le caractère, réellement et profondément acquis ne disparaît pas pour cela; il se manifeste toujours dans le développement embryonnaire sous l'influence de conditions différentes de celles qui le feraient fonctionner chez l'adulte. Seulement, n'étant plus *entretenu* par assimilation fonctionnelle, il garde, à la fin du développement embryonnaire le volume qu'il a acquis pendant cette première portion de la vie, et, même, il entre en régression. Mais il est très difficile qu'il disparaisse complètement dans la descendance de l'espèce, parce que, *les conditions du développement embryonnaire étant toutes différentes de celles du fonctionnement* de l'adulte, le fait que l'organe ne fonctionne pas chez l'adulte ne l'empêche pas de *fonctionner* A UN AUTRE TITRE dans l'embryon.

Ainsi, notre appendice du cæcum se développe dans notre intestin pendant notre séjour dans l'utérus maternel, après quoi, n'étant pas employé dans notre mécanisme adulte, il persiste comme un *rudiment* inutile ; mais ce rudiment si désagréable et si dangereux se conservera peut-être longtemps encore, à moins que l'épidémie d'appendicite, qui étonne le monde depuis une vingtaine d'années, ne provienne précisément de l'introduction dans nos conditions de vie d'un facteur inconnu B_1 qui finira par défaire en quelques générations, ce qu'a fabriqué autrefois un autre facteur B.

La négation de l'hérédité des caractères acquis. — Chose qui peut surprendre après les considérations précédentes qui nous ont montré, somme toute, que, rigoureusement, il n'y a jamais transmission héréditaire si ce n'est de caractères acquis, toute une école de naturalistes s'est ingéniée depuis quelques années à nier la possibilité d'une telle transmission. Cette négation a été la conséquence logique de l'acceptation aveugle du système fantastique de Weismann, dans lequel les caractères d'un individu, au lieu d'être envisagés comme les éléments actuels d'un état d'équilibre, sont considérés comme des *entités statiques*, ayant une existence indépendante.

Dans l'école *néo-darwinienne*, on a été amené ainsi à considérer qu'il n'y a pas, dans la nature, apparition de caractères nouveaux, mais seulement remaniement et juxtaposition, dans un ordre variable, de *caractères* ayant existé depuis l'aurore de la vie. Il suffit de se rappeler la fantaisie qui préside à la définition des *caractères* des individus pour laisser deviner le peu de valeur scientifique d'un tel système.

Cette croyance volontaire à des entités statiques qui n'existent pas et ne peuvent pas exister, suffit à condamner d'avance une théorie dans laquelle on est obligé, d'ailleurs, de prêter au pur hasard une valeur providentielle.

Je ne le cite donc que pour mémoire, quoi qu'elle soit encore aujourd'hui à peu près universellement adoptée, ce qui s'explique par le peu de connaissances que possèdent en général, sur les sciences exactes, les biologistes de profession. Au contraire, les explications basées sur l'équilibre donnent une grande satisfaction quand on veut expliquer l'évolution adaptatrice des espèces vivantes; je le montrerai tout à l'heure en quelques pages; mais il faut d'abord que nous nous occupions d'une question qui complique celle de l'hérédité proprement dite dans la plupart des cas; je veux parler des phénomènes sexuels qui sont si répandus dans le règne animal et le règne végétal.

NEUVIÈME PARTIE

LA BIPOLARITÉ DANS LA MATIÈRE VIVANTE ET LA MATIÈRE BRUTE

CHAPITRE XXXIII

La sexualité.

C'est un des faits les plus anciennement connus de l'histoire naturelle, que la nécessité, chez les animaux supérieurs au moins, de l'intervention de deux progéniteurs pour la production d'un nouvel individu. Un lapin, un corbeau, un lézard, ne peuvent se reproduire par eux-mêmes, quoiqu'étant vivants et doués d'assimilation ; en d'autres termes, il n'existe pas, chez ces animaux, un seul élément histologique qui, séparé du corps parent, puisse assimiler dans le milieu et construire, en vertu du théorème morphobiologique, un être nouveau semblable au précédent.

Les éléments dits reproducteurs ou génitaux, sont, chez ces êtres, impuissants par eux-mêmes, incapables d'assimilation. Mais il existe, dans chaque espèce supérieure, deux types généralement bien distincts extérieurement, l'homme et la femme, le cerf et la biche, le coq et la poule, etc., le mâle et la femelle en un mot, et tels que l'élément génital du mâle est complémentaire de celui de la femelle. La fusion de ces deux éléments de sexe contraire, éléments incapables l'un et l'autre d'assimilation, donne un *œuf* capable d'assimilation, et qui est le point de départ d'un individu nouveau. Et cette fusion, qui est le facteur essentiel de la fécondité, est facilitée par le fait, très général, que l'élément femelle *attire* à lui l'élément mâle.

Chez des animaux moins élevés en organisation, comme l'escargot, la sangsue, le ver de terre, le même individu produit à la fois des éléments incomplets des deux types complémentaires; on dit alors que l'individu est *hermaphrodite*, et la notion de sexe individuel, née de l'étude des animaux supérieurs, disparaît pour faire place à la notion de sexe histologique ou génital. Il n'y a plus d'animal mâle et d'animal femelle, mais des éléments reproducteurs mâles et femelles produits par un même animal.

Plus les recherches se poursuivent, plus on constate la généralité du processus sexuel de reproduction ; un biologiste prudent n'oserait plus affirmer aujourd'hui que ce processus sexuel manque chez une seule espèce animale ou végétale ; et cette généralité du processus sexuel fait penser qu'il est en relation avec une particularité fondamentale de la substance vivante.

Il y a cependant beaucoup de cas dans lesquels on voit se multiplier une cellule isolée provenant d'une agglomération cellulaire qui doit être considérée comme un individu parfait ; mais même lorsque cette *parthénogenèse*[1] est possible, on voit généralement apparaître, de temps en temps, le processus sexuel proprement dit; cela a lieu, par exemple, chez les pucerons qui, pendant toute la belle saison, se reproduisent par parthénogenèse, et qui, le froid venant, retrouvent la reproduction sexuelle normale.

La possibilité des deux modes de reproduction, sexuelle et parthénogénétique, et, d'autre part, la généralité extraordinaire du processus sexuel, font penser naturellement que la sexualité particularité fondamentale de la substance vivante, doit exister dans tous les actes vitaux, mais ne se manifeste que dans certains cas sous forme de *sexualité cellulaire*.

En d'autres termes, la notion de sexualité, tirée d'abord de l'observation des animaux supérieurs, puis de l'observation des éléments reproducteurs des êtres vivants, pourrait être transportée à une troisième échelle encore plus petite que l'échelle cellulaire; il pourrait y avoir des phénomènes sexuels *intraprotoplasmiques*, c'est-à-dire des phénomènes intraprotoplasmiques dans lesquels l'intervention de deux éléments distincts et complémentaires serait indispensable à l'assimilation.

Remarquons tout de suite que nous avons déjà un exemple de la nécessité de deux éléments

1. Parthénogenèse vient du grec et veut dire « enfantement des vierges ».

intracellulaires pour la vie élémentaire manifestée des protozoaires.

Les expériences de mérotomie (v. chap. XXVIII) nous ont appris en effet que l'assimilation ne se produit, ni dans un cytoplasma dépourvu de noyau, ni dans un noyau dépourvu de cytoplasma.

Supposez que, dans certaines espèces de protozoaires, il se produise, de temps en temps, de phénomènes tels qu'une cellule se trouve réduite à son cytoplasma, une autre à son noyau, il y aurait là deux éléments incomplets et complémentaires que l'on ne manquerait pas d'appeler sexuels. Cette hypothèse n'est pas d'ailleurs invérifiable. Max Verworn a réussi à extraire le noyau de certains gros *radiolaires* marins et à le transplanter dans le cytoplasma d'autres individus de même espèce, réalisant ainsi l'équivalent d'une maturation sexuelle et d'une fécondation.

Cette expérience de Verworn fait penser à une pile électrique de laquelle on enlèverait le zinc ; cette pile ne serait plus une pile électrique ; elle n'est pile électrique que par la présence simultanée des deux *pôles* positif et négatif. En d'autres termes la pile est *bipolaire ;* la cellule vivante aussi, puisqu'il lui faut un protoplasma et un noyau.

Mais si la nécessité du cytoplasma et du noyau prouve avec évidence la bipolarité cellulaire, il ne s'ensuit pas que les éléments cellulaires ne puissent devenir incomplets *autrement* que par la séparation du cytoplasma et du noyau. On aurait pu suspendre l'activité électrique de la pile en supprimant, au lieu du zinc, soit l'eau acidulée, soit le fil conducteur, et l'on aurait, cependant, séparé la pile en deux *parties* dont la réunion est indispensable à son fonctionnement. De même, lorsque le phénomène si étrange de la maturation sexuelle transforme les éléments reproducteurs en cellules incomplètes, ce n'est pas en détruisant le noyau de la femelle et le cytoplasma du mâle; du moins, morphologiquement, les choses se passent autrement.

Il reste dans l'ovule un élément femelle mûr, un corps que l'on appelle noyau ou plus exactement *pronucleus femelle*, noyé dans une masse très considérable que l'on appelle *cytoplasma ovulaire*.

De même, dans le spermatozoïde ou élément mâle mûr, il reste, à côté du noyau, ou *pronucléus mâle*, une très petite quantité de substance que l'on appelle souvent *cytoplasma mâle* ou *spermocentre*.

Ainsi donc, la maturation est un phénomène moins simple, du moins au point de vue morphologique, que celui qui se serait produit s'il y avait eu séparation d'un noyau seul et d'un cytoplasma seul; nous devons nous résigner à penser que, comme beaucoup de phénomènes très importants en biologie, la maturation n'est pas susceptible d'une étude optique directe, parce qu'elle ne consiste pas en une production ou une destruction d'éléments *figurés* de la cellule. Il y a une maturation nucléaire et une maturation cytoplasmique, c'est-à-dire que la maturation transforme un noyau complet en un pronucléus incomplet, mâle ou femelle, et un cytoplasma complet en un cytoplasma incomplet mâle ou femelle. Et, par conséquent, pour que la maturation mâle ou femelle puisse se produire dans le noyau ou dans le cytoplasma, il *faut* que le noyau, comme le cytoplasma d'une cellule complète, *contienne les deux sexes;* alors, la maturation s'explique par la disparition, dans le cytoplasma et le noyau, de tous les éléments de *sexe opposé* à celui de l'élément mûr obtenu.

Cela étant, et sans faire aucune hypothèse sur la nature des éléments de sexe opposé qui existent dans les protoplasmas tant nucléaires que cytoplasmiques, sans nous demander si ces éléments sont chimiques ou colloïdes, nous pouvons représenter schématiquement une cellule complète comme une agglomération d'éléments bipolaires. La maturation mâle serait due à la disparition de tous les demi-éléments femelles et la maturation femelle à la disparition de tous les demi-éléments mâles.

Quelle est la cause de la maturation, tant mâle que femelle? Nous ne le saurons que quand nous aurons découvert la nature même des différences qui existent, dans chaque élément bipolaire du protoplasma, entre le pôle mâle et le pôle femelle.

PARTHÉNOGENÈSE ARTIFICIELLE DE J. LŒB. — Cependant, sans avoir fait cette découverte, J.

Lœb a trouvé un moyen expérimental de *suspendre* la maturation commencée dans des ovules d'oursin ou d'étoile de mer. Il a employé pour cela divers procédés, dont le premier en date est l'immersion temporaire, dans certaines solutions salines, des ovules en voie de maturation. Après cette immersion, l'ovule qui était, nous ne savons comment, en train de mûrir, voit s'arrêter les phénomènes de maturation commencés dans son sein, et se trouve, par suite, cellule complète, capable en conséquence de se développer sans être fécondée par un spermatozoïde. Il est probable que, dans cette voie expérimentale, on arrivera à découvrir la nature même des phénomènes de maturation.

La nature fournit des exemples de maturation incomplète; l'œuf d'abeille reste toujours à un stade intermédiaire entre la cellule complète formée uniquement d'éléments bipolaires, et l'ovule femelle vrai, formé uniquement de pôles femelles.

L'œuf d'abeille serait représenté par une juxtaposition d'éléments bipolaires et d'éléments réduits à leur pôle femelle. Aussi cet œuf est-il capable, soit de se développer par lui-même, soit d'être fécondé par un spermatozoïde.

FÉCONDATION. — La fécondation est l'opération dans laquelle le spermatozoïde, introduit par attraction sexuelle au sein de l'ovule, complète au moyen de ses pôles mâles, les pôles femelles des éléments de l'ovule qui sont incomplets.

Si l'étude optique des éléments sexuels murs ne nous donnait aucun renseignement sur la nature même de la maturation, l'observation de la fécondation est, au contraire, pleine d'enseignements, en ce qu'elle nous montre, d'une manière évidente, des attractions sexuelles diverses entre parties *correspondantes* des éléments qui se fusionnent. C'est ainsi que le pronucléus mâle est attiré vers le pronucléus femelle et se dirige vers lui en pivotant autour du cytoplasme qui lui est adhérent. Pendant ce temps, le cytoplasme mâle, localisé en une toute petite région appelée *spermocentre*, exerce son attraction sur tous les éléments correspondants du cytoplasma femelle, ce qui trace dans la substance de ce cytoplasma des stries rayonnantes produisant la figure appelée *aster*.

Le mouvement du pronucléus mâle vers le pronucléus femelle d'une part, la formation de l'aster cytoplasmique autour du spermocentre d'autre part, indiquent qu'il y a attraction réciproque des pronucléus entre eux et des cytoplasmas entre eux. Il y a donc une fécondation nucléaire et une fécondation cytoplasmique, et cela prouve la justesse de notre hypothèse sexuelle, car la fécondation nucléaire et la fécondation cytoplasmique prouvent bien que la *maturation* est un phénomène tant intranucléaire qu'intracytoplasmique, un phénomène intraprotoplasmique en un mot.

Je n'insiste pas davantage sur les phénomènes figurés de la fécondation; leur intérêt, au point de vue où nous nous plaçons dans ce livre, consiste à nous apprendre, bien évidemment, que la bipolarité est un phénomène d'ordre *plus petit* que l'ordre de grandeur cellulaire. En d'autres termes, les éléments sexuels *ultimes* sont plus petits que les cellules ; le protoplasma est formé de *particules*, sur la nature desquelles nous ne faisons aucune hypothèse, mais *qui ont les deux sexes*. Les deux *pôles* de ces particules doivent coexister dans l'acte d'assimilation ; l'*assimilation est un phénomène bipolaire*.

Voilà un résultat de première importance relativement à la nature même des phénomènes vitaux.

Le sexe ne se manifeste à nous, d'une manière facile à suivre optiquement, que dans les cas où le phénomène, encore inconnu dans son essence, de la maturation sexuelle, atteint *entièrement* des éléments cellulaires complets, de manière à en faire des éléments sexuels ; nous constatons en effet alors le sexe cellulaire proprement dit, sexe cellulaire qui résulte, nous venons de le voir, de la disparition totale de l'un des sexes intracellulaires, dans chacun des éléments bipolaires intraprotoplasmiques.

Ainsi, même pour les phénomènes sexuels, l'élément ultime n'est pas la cellule, mais est plus petit que la cellule ; nous sommes arrivés à la même conclusion pour tous les éléments ultimes de la vie élémentaire, quand nous avons étudié les variations lamarckiennes ou auto-adaptatives des êtres unicellulaires ; c'est pour cela qu'il est illogique de diviser l'être en cellules au point de vue de l'étude de l'hérédité, comme l'ont fait Darwin et Weismann, ainsi que nous l'avons vu plus haut.

Deux phénomènes aussi généraux que mystérieux vont s'éclairer singulièrement pour nous à la lumière de cette notion de la bipolarité intra-protoplasmique; je veux dire : la *génération alternante* et la *karyokinèse.*

CHAPITRE XXXIV

La génération alternante.

Nous avons déjà observé précédemment que, sans pouvoir définir analytiquement l'*état colloïde* des substances vivantes, nous savions constater néanmoins l'importance des variations de cet état colloïde, en particulier dans la différenciation histologique. Dans tout vertébré, par exemple, il y a, pour les protoplasmas, l'état muscle, l'état nerf, l'état os, l'état épithélium; ces divers états *tissus* sont correspondants pour un groupe aussi vaste que les vertébrés; leur nombre est considérable.

Nous ne constatons jamais la maturation sexuelle dans ces protoplasma différenciés, mais nous devons cependant nous dire que, s'il existe effectivement une bipolarité dans tous les éléments constitutifs de ces divers protoplasmas, il doit y avoir, dans chaque type d'état colloïde, des variations correspondant à des modifications dans cette bipolarité. Je m'explique en donnant un exemple concret hypothétique :

Les deux pôles d'un même élément bipolaire

s'attirent; mais ils sont également en relation d'attraction ou au moins de cohésion avec les éléments voisins; je suppose que deux états d'équilibre soient possibles; l'un dans lequel les deux pôles de chaque élément bipolaire *se touchent*, sont venus par attraction au contact l'un de l'autre; l'autre dans lequel, sous l'influence des actions ambiantes, les deux pôles de chaque élément bipolaire *restent séparés* l'un de l'autre comme par un ressort tendu. Nous pourrons appeler l'un d'eux état *associé*, l'autre état *dissocié*. Et il est vraisemblable que, tant au point de vue morphogène qu'aux autres points de vue, ces deux états différeront profondément.

Il faut remarquer aussi que, suivant les conditions, ces deux états pourront dériver *héréditairement* l'un de l'autre; il suffira en effet pour cela qu'une cause quelconque détende les ressorts (cohésion, etc.) qui maintenaient écartés les deux pôles de chaque élément bipolaire; et, à cause des propriétés morphogènes différentes des deux états, on verra un être B, très différent d'un être A, *en provenir néanmoins par hérédité directe*.

Or précisément, ce phénomène est très général, et ces deux états que nous venons d'imaginer, l'état associé et l'état dissocié, nous donnent sinon une explication réelle, du moins un modèle possible du phénomène de la *génération alternante*.

La génération alternante se rencontre avec sa forme la plus simple chez les fougères.

Une fougère feuillée, telle que nous avons l'habitude d'en rencontrer au bord des chemins, donne sous ses feuilles, l'automne venu, de petits grains brunâtres de substance vivante à l'état de vie latente ; ce sont des *spores* ou éléments reproducteurs n'ayant pas subi de maturation sexuelle. Mais si elles n'ont pas subi de maturation sexuelle, ces spores ont du moins éprouvé une modification dans leur état, car elles produisent en germant, non pas une fougère feuillée comme celle qui leur a donné naissance, mais une masse cellulaire informe ressemblant à une algue verte et que l'on appelle *prothalle*.

Dans le prothalle, il apparaît ensuite des éléments sexuels proprement dits, éléments mâles et éléments femelles, dont l'union donne des *œufs* qui reproduisent la fougère feuillée. Ainsi est fermé le cycle d'une génération alternante *obligatoire*.

Que cette génération alternante soit en rapport avec la bipolarité des éléments vivants, cela saute aux yeux, puisque l'une des formes, la forme prothalle, dérive toujours d'une reproduction *asexuée*, l'autre, la forme fougère, dérive toujours d'une reproduction *sexuée*. Une hypothèse provisoire nous permet de rapprocher ces deux formes, fougère et prothalle, des deux états *associé* et *dissocié* que nous venons de définir.

Il y a d'ailleurs un caractère qui distingue l'état prothalle de l'état fougère, c'est que toutes les *karyokinèses* ou divisions cellulaires qui se produisent dans la fougère se font avec apparition de $2n$ chromosomes, tandis que celles qui se produisent dans le prothalle se font avec apparition de n chromosomes seulement. (On verra au chapitre suivant ce que sont les chromosomes et la karyokinèse ; l'ordre logique du développement de la pensée nous a conduit à placer l'histoire de la génération alternante avant celle de la karyokinèse). On peut donc remplacer la dénomination, *état prothalle*, par la dénomination, *état à n chromosomes*.

Définie ainsi, la loi *des deux états* se généralise.

Chez tous les animaux une génération *à n chromosomes* alterne avec une génération *à 2n chromosomes*, mais, le plus souvent, la génération à *n* chromosomes est incluse dans la seconde comme un parasite; cette génération à *n* chromosomes ou *génération prothalle* constitue les *organes génitaux* de l'espèce considérée. C'est *uniquement* dans la génération à *n* chromosomes que se manifeste la maturation sexuelle, ce qui prouve une fois de plus que les *deux états* successifs de la substance vivante, dans la génération alternante, sont en rapport avec la bipolarité de l'élément vivant. Et, jusqu'à nouvel ordre, nous pouvons admettre, au moins comme un modèle qui fixe les idées, l'hypothèse que l'état prothalle correspond à l'état associé des éléments bipolaires, tandis que l'état à *2n* chromosomes correspond à l'état dissocié de ces mêmes éléments.

CHAPITRE XXXV

La karyokinèse ou division cellulaire indirecte.

Les progrès des études histologiques ont permis de découvrir, dans la division cellulaire, des manifestations morphologiques qui sont une preuve de plus en faveur de la bipolarité intraprotoplasmique. C'est M. Angel Gallardo, professeur à Buenos-Ayres, qui a, le premier, proposé une théorie bipolaire du phénomène karyokinétique.

Dans la karyokinèse, il y a des manifestations nucléaires et des manifestations protoplasmiques.

Les premières ont surtout attiré l'attention des chercheurs ; elles consistent principalement dans une modification de la distribution des substances *chromatiques* intranucléaires, c'est-à-dire des parties du protoplasma nucléaire qui sont le plus avides des couleurs basiques d'aniline. Ces substances chromatiques d'abord distribuées en forme de réseau irrégulier prennent la forme d'un long filament enroulé ou *spirème*; puis ce filament enroulé se coupe en un nombre fixe de tronçons ou *chromosomes* (*n* dans l'état prothalle, *2n* dans l'état fougère) dont chacun se divise longitudinalement en 2 chapelets parallèles. On a attribué à ces chromosomes une valeur particulière dans les phénomènes de transmission héréditaire des caractères, mais c'est là une hypothèse que rien n'est venu vérifier.

Quoi qu'il en soit, cette distribution nouvelle de la substance chromatique indique une transformation profonde de l'équilibre des protoplasmas nucléaires; cette transformation se manifeste en outre par la disparition de la membrane du noyau, c'est-à-dire de la surface qui sépare le noyau du cytoplasma. A partir de ce moment, les substances du noyau sont, au point de vue de leur équilibre, soumises à certaines actions qui proviennent du cytoplasma. Et ce sont précisément ces actions cytoplasmiques qui présentent un caractère bipolaire intéressant.

Au début de la karyokinèse, apparaît dans le cytoplasma, tout contre la surface du noyau, un petit granule entouré d'une auréole claire, granule qui s'appelle *centrosome* et qui se divise presque aussitôt en deux. Puis les deux centrosomes s'écartent l'un de l'autre en suivant la surface extérieure du noyau (surface qui n'a pas encore disparu à ce stade) et en s'entourant d'un *aster* identique à celui que nous avons vu apparaître autour du spermocentre dans la fécondation. Les deux centrosomes entourés de leurs asters s'arrêtent en des points diamétralement opposés du noyau, et, à partir de ce moment, la membrane du noyau disparaissant, les deux centrosomes sont les centres d'attraction de toutes les substances intraprotoplasmiques, cytoplasmiques ou nucléaires.

Ils deviennent ainsi le point de départ de deux

nouvelles cellules, qui se constituent comme la cellule mère, par une série de phénomènes sur lesquels je n'insiste pas, et dont on trouvera la description dans tous les traités, surtout dans l'excellent livre de Wilson[1], qui est aujourd'hui entre toutes les mains.

Le seul point qui nous intéresse au point de vue de la nature même de la substance vivante, c'est la nouvelle démonstration de la bipolarité intraprotoplasmique qui se tire de l'observation des centrosomes et des asters. Il y a là un véritable cas de *sexualité intracellulaire* ; le centrosome est un élément sexuel qui, nous ne savons pourquoi, a subi dans un certain sens, la maturation sexuelle, tandis que les substances cytoplasmiques ont subi la maturation dans un sens opposé. Les asters sont l'image d'une véritable fécondation intraprotoplasmique.

Le mouvement des centrosomes à la surface du noyau est surtout intéressant et démonstratif des attractions figurées par les asters. Il est possible que les deux centrosomes, qui sont de même nom, se repoussent ; mais, si l'on pense à la maturation de sens contraire de l'ensemble du cytoplasma, il est évident que les attractions qui en résultent, doivent fatalement, le noyau faisant écran, amener finalement les deux centrosomes à des positions diamétralement opposées par rapport au noyau. Ainsi, la karyokinèse est une nouvelle démonstration de la bipolarité ou sexualité intraprotoplasmique. La karyokinèse résulte

1. Wilson. *The cell in development and inheritance.*

de maturations incomplètes, ou plutôt, de deux maturations en sens contraire qui, localisées dans la même cellule, peuvent se corriger l'une l'autre. Au contraire, lorsque la maturation dans un sens donné envahit toute une cellule, elle donne un élément génital qui ne peut être complété que par un élément ayant mûri en sens contraire ; ce sont les cas de sexualité cellulaire *totale* que nous avons étudiés dans l'avant-dernier chapitre.

L'étude des phènomènes de sexualité partielle ou totale a enrichi notre connaissance de la nature de la vie d'une notion nouvelle et fort importante, celle de la bipolarite du phénomène vital élémentaire. Voyons maintenant les conséquences de la reproduction sexuelle dans les questions d'hérédité.

CHAPITRE XXXVI

Les patrimoines héréditaires dans la fécondation.

Dans la huitième partie de cet ouvrage, nous avons étudié les phénomènes d'hérédité en supposant que les enfants avaient un seul parent dont ils recevaient, directement, le patrimoine héréditaire ; cela est vrai dans les cas de parthénogenèse et aussi dans ceux de reproduction par spores (bien que, dans le cas de la reproduction par spores, l'hérédité soit souvent masquée, du moins au point de vue morphologique, par le passage de l'état fougère à l'état prothalle).

Dans les cas les plus fréquents, il n'en est pas ainsi ; l'œuf provient de la fusion d'un spermatozoïde et d'un ovule empruntés à deux parents *différents*, et ayant par conséquent, des patrimoines héréditaires différents. Evidemment, l'idée qu'on se fera de la formation du nouveau patrimoine héréditaire dans l'acte de la fécondation dépendra de l'idée qu'on se sera faite d'abord de la nature de la maturation sexuelle et, par suite, de la manière dont s'effectue la fécondation dans le détail. Quelle que soit la théorie à laquelle on se rattache, il est toujours un point commun à toutes, c'est que *ce qui est commun* au père et à la mère se transmet intégralement au fils dans l'acte de la fécondation. Il n'y a de discussion que pour les caractères qui diffèrent de l'un à l'autre des progéniteurs. Par exemple, deux êtres de même espèce et de même race ont toujours des enfants de même espèce et de même race qu'eux-mêmes.

Quant aux caractères qui diffèrent chez le père et chez la mère, aux caractères individuels, les écoles biologiques soutiennent à ce sujet des thèses opposées :

Les néo-darwiniens qui, avec Weismann, nient l'hérédité des caractères acquis, ne trouvent d'autre cause de variation que le mélange des sexes ou *amphimixie* ; ils considèrent donc les fécondations successives comme introduisant dans le monde vivant une série de variations fortuites, entre lesquelles choisit la sélection naturelle.

Les néo-lamarckiens au contraire, considèrent

avec Herbert Spencer, que la reproduction sexuelle fait disparaître les variations fortuites et maintient, par conséquent, le type moyen de l'espèce. Il me semble que l'observation vérifie la théorie d'Herbert Spencer ; d'autre part, il suffit de réfléchir un instant pour comprendre que, dans notre manière de concevoir les phénomènes sexuels, le rôle de l'amphimixie comme gardien du type moyen de l'espèce, est évident [1]. En conséquence, le rôle de la reproduction sexuelle dans la formation des espèces nous apparaît comme un simple régulateur des évolutions adaptées.

Nous verrons cependant, dans la prochaine partie de cet ouvrage, que l'amphimixie peut réaliser, dans certains cas, des variations *brusques* que De Vries a si bien étudiées sous le nom de *mutations* et que l'on appelle aussi *variations sportives*. Mais le rôle des mutations dans la formation des espèces ne me paraît pas avoir l'importance que tend à lui attribuer aujourd'hui l'école néo-darwinienne.

Les caractères sexuels secondaires. — Il faut signaler, à propos de la question sexuelle, les différences si remarquables qui existent entre le mâle et la femelle chez certains animaux à sexes séparés comme l'homme, le coq, etc... Les expériences de castration ont prouvé que l'organe génital joue un rôle *morphogène* dans la production de ces différences ; mais il faut bien admet-

1. J'ai développé ces considérations dans mon *Traité de Biologie*. Paris, F. Alcan.

tre aussi que, si le parasite génital[1] mâle a une influence sur le corps qu'il habite, ce corps a, de de son côté une influence sur le parasite génital en déterminant le sens sexuel dans lequel il mûrit. La question de la nature et de la détermination du sexe corporel est très discutée. On donne le nom de caractères sexuels secondaires à tous les caractères qui apparaissent dans le corps sous l'influence de l'organe génital, et que la castration fait disparaître si elle est réalisée à un stade assez précoce.

1. Je dis parasite génital à cause de ce que nous avons vu précédemment que l'organe génital est comparable au prothalle.

DIXIÈME PARTIE

LA FORMATION DES ESPÈCES ET L'APPARITION DE LA VIE

CHAPITRE XXXVII

Évolution continue et discontinue.

La limitation obligatoire du corps des individus vivants fait [que l'évolution de la vie à la surface de la terre, au lieu d'être l'histoire d'une masse continue infiniment croissante, est représentée par une succession de masses fragmentaires.

Un résultat de cette fragmentation est que le champ de la variation se trouve plus largement ouvert. Une fois qu'un individu s'est développé, son anatomie est, en effet, plus ou moins fixée par son *squelette*, qui limite étroitement les variations morphologiques possibles. L'élément reproducteur, séparé du corps, et reproduisant en toute liberté un nouvel individu et un nouveau squelette, le patrimoine héréditaire dont il est porteur peut se plier avec plus de souplesse aux conditions extérieures.

Un certain nombre d'animaux présentent, dans leur existence *individuelle*, un phénomène analogue. Les crabes, les homards, par exemple, sont soumis à des *mues* périodiques. Ces animaux sont enfermés dans une croûte calcifiée très résistante, et qui s'oppose à leur croissance aussi bien qu'à des variations quelconques; par le phénomène de la mue, ils se débarrassent de la partie dure de leur squelette, et prennent, réduits ainsi à des substances molles, la forme d'équilibre qui leur convient. Toute variation, toute modification est liée, chez ces animaux, à ce phénomène de la mue.

A un certain point de vue, on peut comparer l'évolution spécifique, qui se produit dans une lignée d'individus, à l'évolution individuelle d'un individu éternel qui, de temps en temps, subirait des mues encore plus complètes que celles des crustacés, redeviendrait périodiquement une masse plastique capable de se fabriquer en entier un nouvel équilibre.

Ainsi, l'évolution d'une lignée d'individus prend fatalement, sinon un caractère franchement discontinu, du moins l'aspect d'un *escalier* dont chaque individu représenterait une marche, suivant l'heureuse expression du professeur Giard.

Même si les transformations qui ont atteint le patrimoine héréditaire ont été entièrement continues, la différence entre deux individus adultes, qui se font suite dans la lignée, doit être *finie.* Et, par conséquent, la question de savoir si, dans la série des formes ancestrales des espèces actuelles, la variation a été *lente* ou *brusque*, perd le caractère de précision qu'elle semble avoir tout d'abord. Il ne s'agit plus, en effet, de savoir, ce qui mathématiquement aurait une signification rigoureuse, si l'évolution spécifique a été continue ou discontinue, mais bien si les discontinuités, qui existent fatalement entre deux individus successifs, discontinuités *finies,* nous venons de le voir, sont *petites* ou *grandes.* Les mots petit et grand n'ayant pas de sens absolu, la question perd son intérêt.

Dans l'évolution individuelle de certains insectes, la dernière mue s'accompagne d'une transformation tellement merveilleuse que l'individu en sort entièrement méconnaissable ; de chenille il est devenu papillon ; voilà, sans doute, une variation considérable. On lui a réservé le nom de *métamorphose.* Ce phénomène s'explique aisément si l'on pense que l'organe génital, parasite morphogène, évoluant en même temps que l'hôte dans lequel il est logé, une transformation de l'état de ce parasite (la maturation sexuelle, par exemple) peut se traduire par une transformation très importante de l'hôte, *si la transformation totale du parasite génital s'est produite dans l'intervalle de deux mues.* C'est ce qui arrive, vraisemblablement, pour les espèces dites *à métamorphoses complètes,* comme les papillons et les hannetons.

Au contraire, chez d'autres insectes, comme les sauterelles, la transformation du parasite génital s'effectuant *pendant la durée de plusieurs mues successives*, une modification relativement faible se produit dans l'hôte à chacune de ces mues successives; et la série des formes de la sauterelle, quoique ayant le caractère de marches d'escalier, a un aspect plus continu que celui de la série correspondante chez le papillon. C'est comme si l'on remplaçait, par un escalier de quelques marches, le saut brusque allant de la chenille à l'insecte ailé. On n'a cependant pas le droit de dire que l'évolution individuelle, continue chez la sauterelle, est discontinue chez le hanneton; elle est discontinue dans les deux cas, mais, dans le premier cas, une série de petites discontinuités remplace la discontinuité énorme du second cas.

Une autre raison introduit encore, d'individu à individu, une discontinuité plus accentuée que celle qui résulte de la fabrication d'un nouveau squelette subissant le contre-coup des variations acquises au cours d'une existence individuelle; c'est l'amphimixie.

Quoique ne sachant pas aujourd'hui, d'une manière bien certaine, de quelle manière se constitue le patrimoine héréditaire de l'œuf aux dépens des patrimoines héréditaires des deux parents, nous voyons néanmoins avec la plus grande évidence, qu'il y a dans le phénomène de la fécondation une *discontinuité* certaine. L'œuf est *quelque chose de nouveau* ; il a un patrimoine héréditaire qui n'est ni celui du père, ni celui de la mère, et qui, se constituant en un instant au moment de la fécondation, introduit dans la série des patrimoines héréditaires une discontinuité fatale. La seule chose que l'on puisse donc discuter relativement à une lignée qui se propage par génération sexuelle, c'est, non pas la continuité ou la discontinuité des variations de cette lignée, la question n'aurait pas de sens, mais l'importance des discontinuités qui se produisent à chaque génération.

LES MUTATIONS. — On a mené grand bruit depuis quelques années autour d'une découverte de De Vries qui, suivant beaucoup d'auteurs, remettrait en question le transformisme tout entier; il y aurait apparition *brusque* d'espèces nouvelles; au lieu de constater la patiente adaptation que Lamarck a placée au premier rang des modes de variation, on verrait apparaître de temps en temps, sans raison connue, des *espèces nouvelles*, capables de se reproduire ensuite indéfiniment, et différant, par des caractères très nets, de l'espèce parente dont elles sont dérivées.

Dans un semis de plusieurs milliers de plants d'*œnothera*, on trouve, par exemple, trois ou quatre individus différant assez notablement de l'espèce primitive pour mériter une dénomination nouvelle; ces individus, mis à part, se reproduisent semblables à eux-mêmes. Voilà donc, disent les néo-darwiniens, une espèce nouvelle obtenue *per saltum*, par variation brusque ou *mutation*. Il est bon de réfléchir un peu avant d'admettre, sur la foi de cette observation, que toutes les espèces nouvelles ont apparu ainsi brusquement et par hasard.

Et d'abord, qu'est-ce qu'une *espèce?* A quoi reconnaît-on que l'on a le droit d'appeler *espèces nouvelles*, les types aberrants d'Œnothera qui se trouvent par hasard parmi les milliers de plants semés par De Vries ? Nous verrons tout à l'heure combien il est difficile de s'entendre sur la définition de l'espèce.

D'autre part, les hasards de l'amphimixie ou fécondation sont tels que, sur un nombre, aussi grand qu'on le voudra, d'enfants provenant d'un même couple, il ne s'en trouve jamais *deux* qui soient identiques[1]. Quoi d'étonnant à ce que sur les milliers de discontinuités qui séparent les individus résultant d'un semis, quelques-unes soient plus grandes que les autres ? Ces discontinuités prendront un caractère plus frappant si elles s'accompagnent d'une différence dans l'état colloïde, analogue à celle qui sépare le muscle du nerf ou, peut-être, la fougère du prothalle. Il suffit de supposer que le protoplasma spécifique des œnothères a un certain nombre d'états physiques également stables, pour concevoir que, sous l'influence des hasards de l'amphimixie, quelques plants se trouvent amenés à franchir la marche d'escalier qui sépare l'un de ces états de l'état voisin. Et, comme l'a fait remarquer A. Giard, dans sa conférence à l'Exposition de Saint-Louis, il se peut que le protoplasma des parents ait cotoyé sans l'atteindre cette marche d'escalier qui sépare deux états physiques stables, et qu'une variation fortuite due à l'amphimixie, prenne,

1. Sauf dans le cas des jumeaux vrais qui proviennent d'un seul œuf, d'une seule fécondation.

sans être effectivement plus considérable que d'autres, une importance morphogène spéciale, si elle a dépassé la limite qui sépare ces deux états.

Enfin, une autre hypothèse est encore possible : de plus en plus, on constate la fréquence, dans le règne végétal en particulier, d'*associations* ou *symbioses* entre des espèces différentes ; les lichens résultent de l'association d'une algue et d'un champignon ; les orchidées ne sont complètes que lorsqu'elles sont, au début de leur évolution, associées à des champignons du genre *Fusarium*.

Il est probable que, dans beaucoup d'autres plantes, il existe des microbes symbiotiques, peut-être trop petits pour être faciles à découvrir au microscope, et que la disparition ou l'introduction brusque d'un de ces microbes dans un individu, détermine une variation morphologique considérable et héréditaire. Dans cette hypothèse, une *mutation* ne serait pas l'apparition brusque d'une espèce, mais la formation ou la destruction d'une association nouvelle de deux ou plusieurs espèces préexistantes.

Dans l'état actuel de la question, il n'y a aucune raison d'adopter plutôt l'une de ces explications que l'autre. L'explication parasitaire m'amène à dire un mot en passant d'un phénomène très fréquent dans le monde végétal, la formation des *galles*, dont l'exemple le plus célèbre est celui de la *galle du chêne* ou *noix de galle*.

Une galle est une déformation locale d'une plante, produite par l'action locale d'un parasite animal ou végétal (par le développement des œufs qu'y a pondus un insecte dans le cas de la galle du chêne). Cette déformation locale a une grande importance biologique, si l'on pense à ce que nous avons été amenés à dire précédemment relativement aux diastases morphogènes ou formatives (voy. plus haut, le théorème morphobiologique). Nous voyons en effet ici qu'une ou plusieurs diastases émanées du parasite, s'ajoutant, dans les tissus végétaux ambiants, à la diastase morphogène de ces tissus, déterminent une morphologie nouvelle dans la région infectée. La galle ainsi produite a une spécificité *double*, c'est-à-dire qu'elle tient ses caractères, à la fois, de l'espèce hôte et de l'espèce parasite : deux insectes différents produisent, dans un même végétal, deux galles différentes ; un même insecte, quand il est capable de se développer dans deux végétaux, produit également dans ces végétaux différents des excroissances différentes. Il y a là tout un chapitre de la biologie, dont la partie descriptive a même pris un nom spécial, la *cécidiologie*, ou description des galles.

CHAPITRE XXXVIII

L'espèce.

Le mot *espèce* est employé couramment dans le langage, et il semble que la signification de ce mot soit assez claire pour n'avoir pas besoin de définition. Il y a l'espèce homme, l'espèce cheval, l'espèce truite, l'espèce vipère, l'espèce poirier; tant qu'il ne s'agit que de formes aussi éloignées les unes des autres, il n'y a aucune difficulté à résoudre. Personne ne peut hésiter, étant donnés des êtres de ces types, à affirmer qu'ils sont d'espèce différente. La difficulté ne commence que pour les formes qui ont entre elles de grandes affinités comme, par exemple, le cheval et l'âne, le lièvre et le lapin, le bouledogue et le caniche. En présence de ces formes voisines, on hésite; on essaye d'évaluer les différences qui séparent les deux types comparés, et de conclure de cette évaluation à une réponse logique. Et la réponse peut dans certains cas dérouter les gens non prévenus; on déclare, par exemple, que le cheval et l'âne sont d'espèces différentes, tandis qu'on range, dans la même espèce *chien*, le Danois et le King-Charles, et cependant, il est évident que les différences descriptives entre les deux chiens considérés sont *beaucoup plus considérables* que celles que l'on peut déceler entre le cheval et l'âne.

Au fond, sous cette question de l'espèce, se cache une erreur de méthode.

L'homme a eu, pendant très longtemps, l'idée que les espèces étaient des entités *créées à part*, et existant chacune pour leur compte; en d'autres termes il a cru à la définition *absolue* de l'espèce; il a conservé cette croyance, même après la découverte de la transformation des espèces, et il éprouve aujourd'hui le besoin de cataloguer, dans des cases rigoureusement limitées, tous ces corps *éminemment variables* que l'on appelle les êtres vivants. Cette classification est évidemment indispensable à la narration des faits, mais il lui suffit, pour être bonne, d'être claire et d'un maniement facile; point n'est besoin de se demander si les cases du catalogue ont été limitées en vertu d'un principe philosophique supérieur, en vertu d'une définition absolue de l'espèce qui aurait préexisté à l'entreprise humaine de la classification. L'homme se demande aujourd'hui ce que c'est que l'*espèce*, au lieu de définir en toute liberté les groupes dans lesquels il enferme, pour sa commodité personnelle, tous les êtres vivants.

La même erreur de méthode s'est manifestée dans bien d'autres compartiments de l'activité humaine; des *mots* préexistaient à la compréhension humaine de certaines choses; une fois qu'on a compris, on a conservé les mots et on a essayé de leur donner une définition précise qui cadrât, non pas avec ce qu'on a découvert, mais avec ce que l'on croyait avant d'avoir fait la découverte. Cela a eu lieu, par exemple, pour l'instinct et l'intelligence en biologie; ces deux mots proviennent d'une époque où l'on croyait à une différence essentielle entre ces deux facultés; depuis, l'on a remarqué que des actes intellectuels deviennent instinctifs par l'usage, mais cela n'empêche pas que l'on veuille établir encore une limite nette entre l'instinct et l'intelligence.

La définition donnée de l'espèce par Cuvier est encore couramment enseignée aujourd'hui. Cuvier a défini l'espèce : « la collection de tous les êtres organisés descendus l'un de l'autre ou de parents communs, et de ceux qui leur ressemblent autant qu'ils se ressemblent entre eux. » C'est là une définition après coup, et non une définition *a priori*, comme on doit en faire quand on veut cataloguer des objets dans des cases. En réalité même, ce n'est pas une définition du tout, mais un théorème biologique qui, d'ailleurs, n'est pas rigoureusement vrai. Si l'on veut disséquer cette proposition de Cuvier on y trouve en effet ceci : d'abord l'idée que nous nous faisons intuitivement d'êtres de même espèce ; ensuite le théorème : les enfants sont de la même espèce que leurs parents.

Il est à peine besoin de faire remarquer que cette définition de Cuvier ou plutôt le théorème qu'elle déguise, est la négation du transformisme. Si en effet on admet *rigoureusement* cette proposition : « les enfants sont de la même espèce que leurs parents », on devra *nécessairement*, en raisonnant de proche en proche, en conclure que *les animaux* d'aujourd'hui sont de la même espèce que leurs ancêtres les plus éloignés. Malheureusement, dans les sciences naturelles, on n'y regarde pas de si près en général, et, à notre époque, dans tous les cours de zoologie, on enseigne en même temps aux élèves le transformisme et la définition de Cuvier !

Pour que la notion d'espèce eût une valeur absolue, il faudrait que le groupe appelé espèce fût séparé, par des *discontinuités* finies, des groupes voisins ; mais il faudrait aussi qu'une *continuité parfaite* existât entre les divers types individuels constituant l'espèce.

Or, cela n'est pas.

Nous avons vu précédemment qu'il y a forcément des différences *finies* entre deux individus vivants; il existe, entre deux êtres quelconques, une marche d'escalier. Si donc il existe une marche d'escalier entre deux espèces voisines, cette discontinuité ne différera *que par sa dimension* de celle qui sépare deux êtres de même espèce.

Il y aura, dans la définition de l'espèce, une question d'appréciation: ce ne sera plus une définition absolue.

Avant l'ère transformiste, on pouvait, on devait croire à la possibilité d'une définition absolue de l'espèce. Les marches d'escalier séparant les êtres d'une même espèce étaient de celles que peut transgresser la variation qu'accompagne la multiplication individuelle; mais les discontinuités limitant les espèces étaient infranchissables; il y avait là la base d'une définition absolue; la variation résultant de l'adaptation et de la reproduction ne pouvait pas *franchir les limites* de l'espèce. L'espèce devait donc être définie *après coup* comme le résultat d'observations prolongées. Au contraire, avec la théorie transformiste, on doit définir l'espèce *a priori*, pour la commodité de la classification et sans s'embarrasser de préoccupations métaphysiques.

J'ai proposé de définir l'espèce l'ensemble des individus entre lesquels il n'existe que des différences quantitatives; mais on voit aisément que c'est là une simple convention et, qui même nécessite d'autres conventions, car nous ne croyons plus aujourd'hui aux *qualités* essentielles; et, de dire que deux espèces diffèrent *qualitativement*, cela représente quelque chose qui peut être traduit dans un langage quantitatif.

Quand De Vries nous montre les *mutations* brusques qui peuvent se produire chez les *œnothera*, par exemple, beaucoup de savants discutent gravement pour savoir si la marche d'escalier franchie était une borne d'espèce, pour savoir si, rigoureusement, on doit considérer la mutation comme ayant *franchi* les limites de l'espèce. Cela aurait eu un sens avant le transformisme; aujourd'hui, la définition de l'espèce n'a plus aucune valeur philosophique.

On peut se placer à de nombreux points de vue pour apprécier la discontinuité qui sépare deux espèces différentes; évidemment le nombre de ces points de vue est aussi considérable que le nombre des *caractères* susceptibles d'être décrits à part dans les deux espèces et d'être comparés comme correspondants; or, nous l'avons vu, le choix de ces caractères est absolument fantaisiste.

Il y a cependant un phénomène qui permet de comparer à la fois *tous* les caractères d'une espèce avec *tous* les caractères d'une autre espèce, c'est la *fécondation*. Dans cet acte on peut mettre en présence le *patrimoine héréditaire* d'un élément mâle d'espèce A et le *patrimoine héréditaire* d'un élément femelle d'espèce B. S'il y a fécondation, on est en droit de définir par là un *voisinage* des espèces considérées, et cette définition a plus de valeur que celles qui sont basées sur la considération d'un caractère unique pris au hasard. Aussi est-ce toujours l'acte de la fécondation qui a été choisi pour critérium par ceux qui cherchent à donner une définition absolue de l'espèce.

CHAPITRE XXXIX

La généalogie des êtres actuels.

Sans donc nous préoccuper désormais de la définition de l'espèce, nous nous demanderons seulement comment les êtres actuels dérivent des êtres antérieurs ; nous saurons qu'il y a de grandes différences entre le point d'arrivée et le point de départ, mais nous ne rechercherons pas à quel moment la marche d'escalier franchie *mérite le nom* de changement d'espèce.

Les êtres actuels sont extrêmement nombreux et de formes très variées, mais ce n'est pas ce nombre, ce n'est pas cette variété qui nous étonne ; nous sommes en effet moins émerveillés par l'observation des corps bruts qui, eux aussi, sont très nombreux et très variés. Ce qui nous frappe le plus chez les êtres vivants, c'est le mécanisme extrêmement précis et coordonné, grâce auquel chaque animal[1] fait, à chaque instant, précisément ce qu'il doit faire pour continuer de

1. Je dis animal plutôt que végétal, car c'est chez les animaux que l'on rencontre les coordinations les plus merveilleuses.

vivre dans les conditions où il se trouve. En d'autres termes, un animal qui vit depuis longtemps dans un certain milieu est *adapté* à ce milieu.

C'est cette adaptation qu'ont voulu nous expliquer les deux grandes écoles évolutionnistes, l'école Lamarckienne et l'école Darwinienne.

Lamarck a entrepris l'explication directe de l'adaptation, et y a réussi au moyen de la loi d'habitude et de la loi d'hérédité des caractères acquis. L'un des défauts de l'explication lamarckienne est que son illustre auteur, au lieu de considérer *en bloc* l'adaptation des individus aux circonstances, a décomposé cette adaptation en éléments factices suivant la manière dont chacun de nous décompose ses propres actions en tenant compte du langage psychologique qui nous est familier. Lamarck a exprimé en effet l'adaptation en faisant intervenir le stade intermédiaire *besoin*. Tel animal, soumis à telles circonstances, éprouve tels *besoins*, qui le déterminent à agir de telle et telle manière; et c'est seulement pour cette deuxième partie de l'adaptation, l'acte résultant du besoin, qu'il a établi la loi : « la fonction crée l'organe ».

Ce langage a l'inconvénient de mêler à la question de l'origine des espèces une autre question sur laquelle les naturalistes discutent avec une extrême vivacité, celle de la liberté des déterminations individuelles. Cette complication eût été évitée si le grand zoologiste français avait résolument considéré en *bloc* les fonctions des animaux, sans séparer la partie centripète, la partie centrale et la partie centrifuge, division factice, qui n'a d'importance que pour l'observation subjective, et dont le moindre inconvénient est de laisser croire qu'on peut limiter la définition de l'organe à sa partie centrifuge ou motrice, et que seule cette partie de l'organe se développe par l'habitude.

Le langage de l'assimilation fonctionnelle, tel que je l'ai employé dans ce volume, donne l'explication de l'adaptation progressive des organismes, sans poser même la question de l'existence de la conscience chez les êtres autres que nous.

Darwin, qui a méconnu l'intérêt de l'œuvre de Lamarck, s'est proposé précisément d'obvier à cet inconvénient du rôle attribué à la conscience, à l'initiative individuelle des animaux, et il a imaginé le langage de la sélection naturelle *après coup*; dans le système de Darwin, toutes les variations sont fortuites et non adaptées; cela permet d'expliquer un certain nombre de choses, surtout dans les cas où le mécanisme n'est pas trop compliqué; c'est pour cette raison que les darwiniens prennent le plus souvent leurs exemples dans le règne végétal. Quand il s'agit d'animaux, les explications lamarckiennes sont indispensables; j'ai d'ailleurs précédemment montré que l'on peut établir un trait d'union entre la théorie lamarckienne et la théorie darwinienne, en appliquant le langage de la sélection naturelle après coup, non plus aux animaux, ni même aux cellules des animaux, mais aux plus petites unités susceptibles de variations indépendantes; encore n'est-ce là qu'un subterfuge; il vaut mieux envisager hardiment le lamarckisme comme un résultat de l'influence directe et réversible du mécanisme colloïde sur le mécanisme chimique d'une part, sur le mécanisme anatomique d'autre part.

Quoiqu'il en soit, en employant tantôt le langage de Lamarck, tantôt celui de Darwin, nous avons la possibilité, non pas de raconter dans le détail l'évolution progressive qui a conduit à chaque espèce actuelle, mais de ne plus nous étonner devant les merveilles de la coordination animale.

Le principe de Fritz Muller. — Il est inutile de reprendre, pour raconter l'origine des espèces, la série de considérations que nous avons suivie plus haut pour raconter l'évolution individuelle d'un être ; la comparaison que nous avons faite, entre la reproduction et une *mue* qui supprimerait le squelette préexistant, suffit à montrer que le langage serait le même. Nous pouvons même transformer nos formules symboliques de tout à l'heure en comprenant dans une seule équation, le résultat de toute une vie individuelle, et répétant, pour la transmission des caractères acquis, ce que nous avons dit pour l'acquisition des caractères.

Soient a_1, a_2... a_n les patrimoines héréditaires *initiaux* des générations successives ; soient b_1, b_2... b_n, les *éducations totales* de chaque vie individuelle ; nous pouvons représenter par la formule symbolique $(a_n \times b_n)$ l'ensemble de *tout* le fonctionnement vital de l'individu qui est le $n^{\text{ième}}$ dans la série ; nous écrirons alors la série des équations symboliques :

$$a_1 + (a_1 \times b_1) = a_2 ;$$
$$a_2 + (a_2 \times b_2) = a_3 ;$$
$$\dots\dots\dots ;$$
$$a_{n-1} + (a_{n-1} \times b_{n-1}) = a_n ;$$

et la série de ces équations symboliques représentera l'évolution spécifique, comme la série correspondante représentait tout à l'heure l'évolution individuelle.

Une complication viendra de ce que, le plus souvent, chaque enfant provient de deux parents ; le patrimoine héréditaire de la $n^{\text{ième}}$ génération ne sera pas a_n, mais bien un compromis entre deux patrimoines différents appartenant à deux individus différents, et que l'on peut représenter symboliquement par $\left(\frac{a_n + a'_n}{2}\right)$. En tout cas, tout ce qui sera commun à a_n et a'_n se transmettra à l'œuf résultant de l'union de ces deux parents et comprendra fatalement les caractères acquis par adaptation d'individus de même espèce à des conditions identiques. On peut donc, dans une approximation qui se trouve être suffisante, négliger la complication de la reproduction sexuelle pour raconter l'histoire lamarckienne de l'évolution progressive des animaux.

La série des équations symboliques de l'évolution spécifique a la même forme que celle des équations symboliques de l'évolution individuelle ; c'est ce qu'exprime, dans un langage imagé, le principe de Fritz Müller :

« L'embryologie d'un animal reproduit sa généalogie. »

En d'autres termes, la série des caractères individuels apparaît dans le même ordre que la série des caractères ancestraux correspondants. C'est un fait d'observation courante que, si un caractère a apparu chez un parent à un certain âge, le même caractère apparaît chez l'enfant, à un âge correspondant, c'est-à-dire, après d'autres caractères dont la préexistence chez le parent a concouru à la formation du caractère considéré. Cette simple remarque comprend le principe de Fritz Müller tout entier.

Il peut y avoir cependant une simplification dans la série des formes embryonnaires ; au lieu de commencer au stade a_1, elle peut commencer à un stade ultérieur a , et ne comprendra alors que les stades intermédiaires entre a_m et a_n ; cela a lieu, par exemple, si au lieu de mener dès le début une vie libre, comme ses ancêtres l'ont fait, l'embryon passe, dans une coque d'œuf ou dans une matrice abondamment pourvue de matières alimentaires, les premiers stades de son existence ; il éclôt alors au stade a_m, et les premiers stades, antérieurs à a_m, prennent, dans leurs conditions de vie parasitaire, une forme nouvelle, généralement beaucoup plus simple, comme mécanisme, que les formes libres a_1, a_2... a_m. On dit alors qu'il y a raccourcissement embryogénique. C'est comme si un crustacé éclosait à la 4e ou 5e mue au lieu d'éclore à la première; le théorème morphobiologique permet de comprendre sans peine ce phénomène qui prouve, une fois de plus, combien l'hérédité l'emporte sur l'éducation, qu'elle dirige en effet, dans de certaines limites, sous peine de mort.

CHAPITRE XL

L'apparition de la vie.

Les quelques considérations très succinctes qui précèdent suffisent à la compréhension du phénomène de l'évolution progressive des organismes vivants.

L'étude des formes fossiles découvertes dans les couches géologiques, formes toutes différentes des formes actuelles, montre que les animaux très élevés en organisation ont apparu à des dates relativement récentes. Nous comprenons donc la formation de ces espèces supérieures par une accumulation progressive de caractères acquis résultant d'adaptations individuelles à des conditions qui ont sans cesse varié ; si nous possédions la collection complète des ancêtres d'un individu actuel, nous y trouverions l'histoire de la formation de son espèce, et de toutes les péripéties qu'elle a traversées *sans jamais mourir* ; car, c'est là le point capital de l'histoire évolutive d'une espèce comme de l'histoire évolutive d'un individu; cette histoire évolutive *n'a jamais été interrompue par la mort*; c'est ce qui a permis à

Darwin d'affirmer que les êtres actuels sont une élite, et dérivent de l'élite de chaque génération précédente, puisque tous leurs ancêtres ont vécu, au moins jusqu'à l'âge de la reproduction.

Et, de même que l'être vivant provient de l'œuf qui, *anatomiquement*, est bien plus simple que lui, de même une espèce actuelle provient d'une espèce ancestrale qui, *à tous les points de vue*, pouvait être aussi énormément moins compliquée. Ainsi, la théorie transformiste, aujourd'hui acceptée sans discussion par tous les savants, substitue au phénomène, vraiment merveilleux, de l'apparition d'un homme à la surface de la terre, le phénomène, infiniment plus simple, de l'apparition d'un protoplasma vivant, réduit à l'ensemble le plus minime de propriétés héréditaires.

De même qu'Archimède a dit dans un langage symbolique qui, pris au pied de la lettre, constitue une proposition absurde : « Donnez-moi un point d'appui et je soulèverai le monde, » de même, un transformiste d'aujourd'hui est en droit de dire : « Donnez-moi un protoplasma vivant et je referai l'ensemble du règne animal et du règne végétal. »

Evidemment, ce n'est là qu'une manière de parler, car pour refaire l'ensemble du règne animal et du règne végétal tel qu'ils existent aujourd'hui, il faudrait, non seulement le protoplasma initial, mais encore toutes les péripéties qui l'ont enrichi de ses hérédités si variées et si nombreuses, c'est-à-dire l'évolution du monde lui-même depuis l'apparition de la vie ; l'évolution de la vie est indissolublement liée à l'évolution du monde tout entier.

On comprend néanmoins quel intérêt philosophique s'attache à cette question de l'apparition première de la vie à la surface de la terre. Les conditions thermiques de la vie prouvent d'ailleurs que la vie a apparu, car il y a eu une époque où, à cause de la température trop élevée, la vie ne pouvait exister à la surface de la Terre. Lord Kelvin a supposé qu'une cellule vivante a pu être transportée ici par un bolide, mais cela ne fait que déplacer le problème, car tous les corps astronomiques ont eu une évolution analogue à celle de la Terre, et il a toujours fallu que la vie apparût quelque part. Il est plus simple d'admettre, par conséquent, qu'elle a apparu à la surface de la Terre, dans des circonstances que les savants s'efforcent de reproduire dans les laboratoires.

On croit souvent, dans le grand public, que Pasteur a démontré l'inutilité de ces efforts; c'est une erreur. Pasteur a seulement montré que, avec certaines précautions, on peut conserver, à l'abri de l'envahissement par les espèces vivantes existant actuellement, certaines substances qui peuvent leur servir de milieu nutritif; voilà tout.

Le problème de la synthèse d'un protoplasma vivant reste entier.

Nos connaissances sur les colloïdes sont encore si récentes et si rudimentaires que nous ne devons pas compter voir se réaliser avant peu la fabrication d'une cellule; mais on y arrivera un jour, par une analyse méthodique permettant une synthèse raisonnée. Nous avons vu qu'on commence déjà à savoir décomposer l'activité de la substance vivante en des éléments transportables que l'on appelle diastases. C'est probablement dans cette voie que l'on trouvera la solution du problème.

Peut-être aussi sera-t-il résolu par hasard!

Le monde savant est aujourd'hui tellement préparé à cette découverte, que l'annonce prématurée de la réalisation d'une génération spontanée dans de la gélatine soumise à l'action du radium n'a surpris personne. Quand la synthèse effective sera obtenue, elle n'étonnera pas; elle sera d'ailleurs parfaitement inutile; car, avec les connaissances nouvellement acquises par les savants, il n'est plus nécessaire à un esprit éclairé de voir fabriquer du protoplasma, pour être convaincu de l'absence de toute différence essentielle, de toute discontinuité absolue entre la matière vivante et la matière brute.

TABLE DES MATIÈRES

DEUXIÈME LIVRE

LES FAITS

www.ingramcontent.com/pod-product-compliance
Lightning Source LLC
Chambersburg PA
CBHW071124160426
43196CB00011B/1797
9782012803732